미중 패권경쟁의
최전선

미중 패권경쟁의 최전선

AI와 로봇, 그리고 거인들의 투자법

—

2026년 2월 20일 1판 1쇄 인쇄
2026년 3월 3일 1판 1쇄 발행

—

지은이 박상준
펴낸이 이상훈
펴낸곳 책밥
주소 11901 경기도 구리시 갈매중앙로 190 휴밸나인 A6001호
전화 번호 031-529-6707
팩스 번호 031-571-6702
홈페이지 www.bookisbab.co.kr
등록 2007.1.31. 제313-2007-126호

—

기획·진행 권경자
디자인 디자인허브

—

ISBN 979-11-93049-79-2 (03320)
정가 21,000원

책밥은 (주)오렌지페이퍼의 출판 브랜드입니다.

미중 패권경쟁의 최전선

AI와 로봇, 그리고 거인들의 투자법

박상준 지음

책밥

무역회사에 다니는 박민호 씨는 주말에 골치 아픈 상황에 처했습니다. 다음 주에 갑자기 중국으로 2박 3일 출장을 가게 되었는데, 현재 사용하고 있는 애플 글래스의 모든 기능이 중국에서는 사용할 수 없기 때문입니다. 선배들의 이야기를 들어보니 과거에는 모든 기능까지는 아니어도 아이폰은 사용할 수 있었다고 하는데, 이제는 스마트폰의 운영체제가 완전히 분리되면서 사용이 어렵게 되었습니다. 출장 전 알리바바에서 스마트 글라스를 구입해야 실시간 통역이나 내비게이션이 가능한데, 주문한 제품이 아직 배송되지 않은 것입니다. 미국이 동맹국에게 보안을 이슈로 중국산 첨단기기 제품의 수입 제재를 강요하면서 이처럼 해외 배송이 늦어지는 상황이 종종 발생합니다. 당장 결제도 문제예요. 민호 씨가 보유하고 있는 전자 신용카드는 대부분 스테이블코인과 연동되어 있는데, 중국의 디지털 위안화와 연동되어 있는 신용카드는 없기 때문입니다.

이리저리 방법을 찾고 있는데 TV에서는 중국의 핵탄두 보유량이 어느새 1,500기를 넘어섰다는 뉴스가 나옵니다. 한 패널이 몇 년 후면 미국 보유량인 1,700기와 비슷해지면서 핵탄두 억지가 불가능할 것이라 전망하는 이야기를 합니다. 최근 중국과 미국의 소형 위성이 충돌하며 시작된 양국의 긴장은 점점 더 첨예해지는 듯 보입니다. 당시 일부 국가에서는 통신 이상이 생겨 스페이스X의 스타링크가 무료로 인터넷을 연결해주었는데, 이를 계기로 스페이스X만 주목받는 모양새입니다.

중국은 얼마전 다시 한 번 희토류 수출에 제동을 걸었습니다. 미국은 동맹국과 함께 희토류 재활용을 통해 어느 정도의 자립을 갖추는 듯 보이지만 아직은 중국의 의존도가 큰 상황입니다. 그도 그럴 것이 휴머노이드 로봇의 사용이 비약적으로 늘어 기존 희토류의 양으로는 감당이 어렵기 때문입니다. 중국은 이미 90% 이상의 공장과 노동자가 휴머노이드 로봇으로 대체되었지만 미국은 아직 그 정도는 아닙니다. 2020년 중반 미국이 본격적으로 휴머노이드 밸류체인에서 중국을 배제시키기 시작했지만 한국이나 일본의 밸류체인으로는 저렴한 휴머노이드 로봇을 만들기 어렵기 때문입니다. 대신 미국의 가사 노동과 헬스케어 등 고부가가치 산업은 많은 부분 휴머노이드 로봇으로 대체되는 상황입니다.

미국과 중국이 본격적으로 패권 경쟁을 시작한 2025년, 빠르면 5년 뒤 길면 10년 후에 벌어질지도 모르는 일을 상상해봤습니다. 지금과 같이 양국의 패권 경쟁이 이어지면 낙관적인 시나리오에서는 서로 융합할지 모르겠으나 현실적으로는 양국을 중심으로 체제가 분리되는 신냉전 시대로 접어들 가능성이 더 높습니다. 양국 사이에 끼어 있는 우리나라는 그 가운데서 어느 한쪽에 치우치지 않고 줄타기를 잘해야겠지만 그게 말처럼 쉽지만은 않은 상황입니다. 잘못하면 고래 싸움에 새우등 터지는 상황이 발생할 수 있겠죠.

하지만 투자자로서는 좀 다른 시선으로 바라볼 수 있을 듯합니다. 양국이 치열하게 경쟁하고 있는 분야가 너무나 명확해 해당 분야에는 엄청난 자본이 투입될 가능성이 높기 때문입니다. 지금 우리나라의 해외 주식 투자는 95% 이상이 미국에 집중되어 있습니다. 이 글을 쓰고 있는 2025년 12월 중순을 기준으로 미국 S&P500은 약 16% 상승했고, 나스닥은 약 20% 상승했습니다. 반면 중국 정부의 지원을 받아 패권 경쟁이 한창인 지금 중국의 대표적인 주식시장인 상하이증권거래소 산하 과학창업판은 약 30%, 선전증권거래소 산하의 창업판은 약 45% 상승했습니다. 많은 한국 투자자들이 미국 증시에 기대를 걸었지만 상승 폭이 다소 제한적이었죠. 필자가 책을 통해 하고자 하는 말은 당장 미국의 투자금을 중국 투자로 돌리자는 것이 아닙니다. 내 포트폴리오 내에 상대 수익률이 높을 것으로 예상되는 중국 산업, 종목의 일부를 편입해 전체 포트폴리오 성과를 올리자는 것이죠.

이와 같은 관점으로 이 책을 읽는다면 미중 패권 경쟁 시대에 돌입한 지금, 우리가 투자해야 할 종목, ETF가 명확하게 보일 것입니다. 2026년에도 여러분의 성공적인 투자에 이 책이 도움이 되긴 기원하며, 미중 패권 경쟁 수혜 종목에 투자해 장기적으로 큰 성과를 달성하기 바랍니다.

차 례

3 | ETF로 투자하는 미중 패권 경쟁

1

미중 패권 경쟁에 투자하기 전에:

미국과 중국의 투자시장 전망

미중 패권 경쟁에 투자하기 전에:
미국과 중국의 투자시장 전망

ETF로 투자하는
미중 패권 경쟁

미중 디커플링
수혜 산업 및 대표 종목

혼돈과 충격을 넘어

시스템으로 진입하는

트럼프 2.0

2025년은 그야말로 혼돈과 충격의 연속이었습니다. 미국의 트럼프 대통령은 하루도 더 낭비할 수 없다는 듯 취임 당일부터 수십 건의 행정명령에 서명하며 바이든 정부의 흔적을 지우기에 여념이 없었습니다. 예고된 관세 폭탄은 모두의 예상을 뛰어넘어 전 세계를 공포에 떨게 했습니다. 트럼프 당선 후 급등하던 증시는 반대로 곤두박칠치며 롤러코스터 장세를 펼쳤고, 막무가내 정책으로 미국 국채 금리가 변동하자 기존 정책을 철회하는 등 트럼프 대통령은 자신의 행동을 반복하기도 했습니다. 이에 'TACO(Trump Always Chickens Out)'라는 비아냥거림까지 나올 정도로 정책 변동성이 심한 때이기도 했습니다.

미국의 트럼프 대통령은 중국과의 관계에 있어 한때 100% 관세를 부과하며 중국을 철저히 봉쇄할 것처럼 했지만, 2025년 10월 우리나라 경주에서 열린 APEC 미중 정상회담 후 2026년 4월 베이징 방문까지 이야기하면서 중국과 잘 지내보겠다는 제스처를 보내기도 했습니다.

그렇다면 트럼프 대통령이 주창하던 MAGA(Make America Great Again) 를 필두로 한 미국 우선주의는 어느새 조용히 마무리된 것일까요? 그렇지 않습니다. 2026년 중간선거를 앞두고 있는 지금, 그리고 앞으로 남은 임기 동안 트럼프 대통령은 자신의 임기 후 누구도 되돌릴 수 없도록 미국 우선주의 시스템을 구축하려 하고 있습니다.

투자: 미국 시장을 원한다면 미국으로 와라

2025년 4월의 위협적인 관세는 결국 미국 투자를 얻어내기 위한 위협으로 드러났습니다. 우리나라도 2,500억 달러에 달하는 금액을 분할 투자하기로 했죠. 보편적 관세는 보편적 관세대로 징수하다 보니 세수도 일부 확보하고 각국의 투자도 받아내게 된 것입니다. 국가뿐 아니라 삼성전자, 현대자동차, 토요타, BMW 등 유수의 글로벌 기업들이 보조금 축소와 관세 사이에서 갈등하다 결국 대규모 대미 추가 투자를 결정하기도 했습니다. 앞으로 남은 트럼프 대통령 임기 동안 이와 같은 흐름은 지속될 것으로 예상합니다.

반면 미국으로 가고 싶어도 가지 못하는 국가들이 있죠. 미국을 바짝 쫓아오고 있는 중국이나 미국과 척을 지고 있는 러시아가 그렇습니다. 특히 중국에 대해서는 유화책과 더불어 경제 분리를 위한 정책을 동시에 펴고 있는데요. 중국과는 아직도 많은 교역관계가 엮여 있어 당장은 어렵지만 중장기적 목표로 분리를 계획하고 있는 까닭에 조금씩 중국의 수출 주도형 경제에 타격을 가하려 할 것입니다. 중국 기업들의 미국 우회수출 차단을 위한 노력들이 바로 그 일환입니다.

에너지: 일석이조를 위한 'Drill, Baby, Drill'

트럼프 대통령은 취임 직후 파리기후협약을 탈퇴하고 알래스카와 멕시코만의 시추공을 전면 개방했습니다. 자신이 후보 시절 주창하던 대로 화석에너지를 더욱 적극적으로 채굴하기 시작한 것이죠. 이에 2026년부터는 본격적으로 미국의 산유량이 증가할 것으로 예상됩니다.

이는 트럼프 재임 기간 두 가지 효과를 줄 수 있습니다. 대내적으로는 트럼프의 모든 정책 흐름에 가장 큰 걸림돌인 인플레이션을 억제할 수 있다는 것입니다. 실제로 2025년 낮은 유가가 지속되었는데, 2026년에도 이를 유지해 인플레이션 진정 효과를 보고자 함입니다.

대외적으로는 러시아와 이란의 경제를 어렵게 하기 위함입니다. 러시아와 이란은 에너지 수출 의존도가 높아 저유가 시대가 지속되면 전쟁 중인 러시아에게는 큰 위협이 될 수 있고, 이란은 가뜩이나 어려운 경제 여건이 더욱 안 좋아져 테러 지원 등이 어려워질 것입니다. 실제로 이란은 이스라엘에 완전히 밀리며 종이 호랑이라는 것이 만천하에 드러나기도 했죠.

이와 같은 기조에 더해 AI 산업의 발전으로 부족해진 에너지 수요를 충족시키기 위해 소형 모듈 원전(SMR) 등의 신규 에너지원에 대해서도 유화적인 정책을 펴고 있습니다. 앞으로 지속될 미국과 중국의 패권 경쟁의 핵심은 AI이고, 현재 AI 산업 발전의 병목현상은 에너지 공급에서 발생하고 있기 때문에 트럼프 대통령은 향후 남은 임기 동안 화석연료뿐 아니라 신재생에너지, SMR 할 것 없이 각종 지원을 통해 에너지 안보 확립을 위해 노력할 것입니다.

기축통화: 미국을 암호화폐 수도로 만들겠다

트럼프 대통령은 후보 시절 비트코인을 국가 전략 자산으로 지정해 비축하겠다며 이를 실제로 행동에 옮기는 듯했지만, 비트코인의 전략적 비축은 시행까지 아직은 요원해 보입니다. 법무부가 압수한 비트코인 20만 개에 대해서는 매각하지 않겠다고 해 비축 의지를 보였지만 추가 매수를 통한 비축에는 나서고 있지 않기 때문입니다.

하지만 스테이블코인에 대해서는 꽤나 진지합니다. 이는 스테이블코인이 미국 국채 수요와 달러의 기축통화 패권 유지라는 필요에 부합하기 때문입니다. 실제로 2025년 7월 지니어스 법안(GENIUS Act), 클래러티 법안(CLARITY Act) 및 반중앙은행 디지털화폐(CBDC) 법안 등 가상화폐 3법을 통과시키며 스테이블코인을 제도권으로 편입시켰습니다. 법안 통과 후 스테이블코인 관련 새로운 정책 등 업계의 움직임이 생각보다 조용해 관련 주식들의 주가 하락으로 이어졌지만, 가상화폐 3법의 직접적인 수혜라고 할 수 있는 서클의 스테이블코인 USDC는 2025년 11월 전년 동기 대비 300% 이상 발행량이 증가하며 실제로는 수요와 공급이 증가하고 있음을 보여주었습니다.

현재 모든 스테이블코인이 미국 국채 단기물을 보유하고 있다는 것을 감안했을 때 남은 임기 동안 시스템 안정화로 미국 국채 장기물까지 보유할 수 있도록 제도적인 확대가 가능할 것으로 예상됩니다.

국가안보: 확 달라진 전쟁에 대한 준비

트럼프 대통령은 북대서양조약기구(North Atlantic Treaty Organization, NATO), 한국 등 동맹국들에게 방위비에 대한 분담금 청구서를 날려보냈습니다. 과거처럼 무제한 지켜주는 것이 아니라 그에 대한 비용을 지불하라는 것이죠. 트럼프 1기 때 이미 겪었던 동맹국들은 트럼프 2기가 시작되기도 전에 방위비 증액을 발표하는 등 변화에 발맞췄습니다.

향후 각국의 방위비 증가로 방산기업들이 수혜를 받을 것은 불을 보듯 뻔한데, 문제는 방위비 증가가 어디로 흘러갈 것인가입니다. 우크라이나-러시아, 이스라엘-하마스 전쟁에서 드러났듯이 이제 전쟁의 양상은 완전히 달라졌습니다. 현대는 탱크, 전투기 등의 중장비보다 소형 드론을 통한 전쟁으로 변화하고 있는 것이죠. 이에 트럼프 대통령은 '미국, 드론 및 초음속 항공 산업 육성을 위한 행정명령'에 서명하며 미국 드론기업의 발전을 장려하고 있습니다.

또한 미국 국방부의 명칭을 전쟁부로 변경하며, 중국에 대해서는 언제든 부딪힐지 모르는 상황에 대비해 장기적으로 전시에 준하는 수준의 무기를 비축해 놓으라는 내용이 각 방산기업에 전달되기도 했습니다. 트럼프 대통령의 남은 임기 기간 동안 이와 같은 흐름은 더욱 거세질 것으로 전망됩니다.

중국 주식시장의
극적인 부활

2024년 9월 24일 중국에서는 아무도 예상하지 못했던 큰 변화가 있었습니다. 판궁성(潘功勝) 중국인민은행장, 리윈저(李云澤) 국가금융감독관리총국장, 우칭(吳清) 중국증권감독관리위원회 주석 등 중국 금융을 책임지는 3대 금융수장이 합동 기자회견을 열어 핵폭탄급 경기 부양책을 내놓은 것입니다. 이에 주식시장은 즉각적으로 반응했습니다. 상하이종합지수와 홍콩항셍지수가 각각 4% 이상 급등했습니다. 하지만 대다수 투자자들은 이러한 현상이 정말 대세 상승의 시작인지에 대해 고개를 갸웃거렸습니다.

대규모 부양책에 따른 증시 급등에도 의구심을 품은 것은 지난 몇 년간 급등락을 이어왔던 중국 주식시장에 대한 학습효과 때문이었습니다. 2022년 5월 중국은 전 세계에서 가장 늦게 코로나19 록다운(봉쇄)을 부분적으로 해제하기 시작했습니다. 앞서 우리나라를 비롯해 미국 등 많은 국가들이 봉쇄 해제 후 증시 급등을 보였기 때문에 중국에서도 당연히 같은 공식이 성립할 것이라 믿었던 전 세계 투자자들이 중국 증시로 몰려들었습니다. 이때 상하이종합지수는 한 달간 약 10% 상승하며 같은 공식이 성립되는 것처럼 보였습니다. 하지만 중국은 여타 국가와 다르게 록다운 기간 동안 정부지원금을 지급하지 않았기 때문에 이미 경기는 얼어붙을 대로 얼어 있었습니다. 이로 인해 잠시 상승하던 주식시장은 다시 하락하기 시작했고 2024년 9월까지 이와 같은 급등락이 3회 정도 발생했습니다. 이러한 경험을 통해 투자자들은 당연히 2024년 9월의 증시 급등도 허수일 것이라 판단했습니다. 하지만 증시의 반등세는 생각보다 거셌고 5거래일 동안 상하이종합지수는 20% 이상 급등했습니다. 이와 같은 단기간의 급등 출현의 이유는 무엇일까요?

당시 급등을 주도했던 세력은 전 세계 패시브 자금이었습니다. 펀드에 투자한 경험이 있는 투자자라면 잘 알겠지만, 대부분의 펀드는 벤치마크를 두고 있습니다. 이머징마켓이나 전 세계 투자 펀드 등 다양한 펀드의 벤치마크에는 중국 비중이 일정 부분 포함되어 있습니다. 그런데 2021년부터 중국 증시가 지지부진한 모습을 보이자 대부분의 펀드에서는 비중을 낮추는 방식으로 중국에 투자하고 있는 것이 현실이었습니다. 심지어 아예 비중이 없는 펀드도 있을 정도였죠. 하지만 중국 증시가 제대로 각을 잡고 상승하자 적어도 벤치마크 내 중국 비중만큼은 맞춰야 하는 수요가 발생한 것입니다. 이와 같은 현상으로 전 세계 패시브 자금이 급등하고 있는 장에서 급하게 매수에 뛰어들며 비중을 채우는 방식으로 증시 급등을 부추긴 것입니다. 그렇다면 이 급등장에서 과연 수익을 낸 투자자가 많을까요?

물론 있을 수는 있겠지만 많지는 않았습니다. 너무 짧은 기간 동안 급등하며 대부분의 투자자들이 "어! 어…!" 하는 사이에 증시가 올라버렸기 때문입니다. 중국은 5거래일 동안의 급등을 뒤로하고 일주일간의 국경절 연휴에 들어갔습니다. 하지만 우리나라를 포함한 다른 나라의 주식시장은 개장했고 많은 투자자들이 중국 투자를 준비했습니다. 중국 금융당국에서 내놓은 경기 부양책대로 정말 금리를 큰 폭으로 낮추자 정책에 대한 기대감도 고조되었습니다. 게다가 긴 연휴가 끝나고 장이 열리는 날부터 중국 정부의 각 부처에서는 부양책에 대한 기자회견을 발표하기 시작했습니다. 이에 기대감은 한층 더 고조되었고 우리나라 증시에 상장한 중국 ETF의 주가는 치솟았습니다. 하지만 이후 중국 증시는 큰 폭의 조정을 받으며 상승폭을 상당 부분 반납했습니다. 이는 과도한 정부 부양책에 대한 투자자들의 기대감과 실제 발표치의 괴리 때문이었습니다. 2024년 9월의 중국 증시 급등은 과거의 조정 폭은 아니었지만

Tip 패시브 vs 액티브 자금

패시브 자금은 시장의 특정 지수(S&P500, 나스닥 등)를 그대로 따라가도록 설계된 투자 자금입니다. 한마디로 시장을 이기기보다는 그대로 복제 및 추종하는 방식으로 운용합니다. 우리가 흔히 투자하는 인덱스 펀드, ETF가 대표적인 상품이라고 할 수 있습니다. 반면, 액티브 자금은 펀드매니저의 적극적인 개입으로 시장을 이기기 위해 운용되는 자금입니다. 대표적인 상품은 액티브 공모펀드, 액티브 ETF, 사모펀드, 헤지펀드 등입니다. 액티브 상품은 수수료가 패시브 펀드 대비 높지만, 운용을 잘하면 시장 대비 초과 수익률을 달성할 수 있다는 장점을 보유하고 있습니다. 다만, 시장이 전반적으로 안 좋을 때 지수 대비 큰 폭의 하락을 기록할 수 있다는 높은 변동성을 갖고 있습니다.

정부 정책으로 인한 인위적인 상승은 이제 효과가 없다는 것을 그대로 보여준 것이었습니다.

미국을 떨게 한 딥시크의 등장

2025년 1월 27일 미국 증시는 그야말로 공포가 지배한 날이었습니다. 중국 항저우에 기반을 두고 있는 AI 스타트업 딥시크(DeepSeek)의 등장 때문이었습니다.

2024년 한 해 동안 가장 큰 주목을 받은 기업은 단연 엔비디아였습니다. 이는 AI 산업의 발달로 메타, 구글, 마이크로소프트 등 빅테크 기업들이 대규모 AI 인프라 구축에 필요한 엔비디아의 GPU를 경쟁적으로 구입했기 때문이었습니다. 그런데 딥시크가 저렴한 가격으로 ChatGPT 등 유수의 AI 기업들과 비슷한 성능의 AI 모델을 발표하자 지금까지 대규모로 AI 인프라를 구축한 미국의 빅테크 기업들이 의구심을 드러내기 시작한 것입니다. 이로 인해 엔비디아 주가는 약 17% 하락하며 최악의 하루를 보내야 했습니다.

딥시크의 등장에 미국 증시는 일시적으로 충격과 공포에 휩싸였지만, 중국 증시는 연일 상승세를 기록했습니다. 딥시크는 상장사도 아니고 AI 모델이 당장의 수익을 가져다주는 것도 아닌데, 왜 중국 증시가 동반 상승을 이어갔을까요?

먼저 큰 틀에서 보면, 당시 전 세계 AI 산업은 미국이 주도하고 있었습니다. 중국은 연일 이어진 부진한 경제지표로 AI 산업에서의 추격은 상상도 할 수 없다고 생각했었죠. 하지만 중국의 민간기업인 딥시크에서 저렴한 가격으로 OpenAI의 ChatGPT에 버금가는 모델을 내놓으며

'중국이 AI 산업에서 잘하면 미국을 따라잡을 수 있겠다'라는 생각을 하게 만든 것입니다.

물론 중국 내부적인 이슈도 있었습니다. 시진핑 주석은 2연임 이후 공동부유(共同富裕)라는 정책 기조를 내걸고 공산주의의 최종 단계 실현을 천명했습니다. 그 시작은 2022년 알리바바 산하 앤트그룹의 IPO 연기 조치였습니다. 당시 전 세계 투자자들은 큰 충격을 받았고, 이는 공동부유 실현을 위한 시진핑 주석의 빅테크 규제의 시작이었습니다. 알리바바, 텐센트, 메이투안 등 내로라하는 중국의 대표 빅테크 기업들은 2022년 이후 주가가 거의 반토막 나는 등 2024년까지 상당히 저평가 상태에 놓였습니다.

그런데 딥시크의 AI 모델 발표 후 시진핑 주석의 주도하에 빅테크 기업들과 간담회가 이루어졌습니다. 당시 간담회에는 샤오미, 화웨이, BYD, CATL, DeepSeek, 알리바바의 CEO들이 참석했습니다. 특히 오랫동안 규제의 압박으로 두문불출했던 알리바바의 마윈 회장이 등장하며 공식적으로 빅테크 규제의 종식을 알렸습니다.

이와 같은 요인과 더불어 AI 산업 발전 가능성에 대한 사회의 활력 부여, 저평가 되어 있던 빅테크 기업으로의 자금 유입 등이 이어지며 중국 증시 상승세로 연결되었습니다. 더 중요한 것은 이번 상승세가 2024년 9월 발표된 정부 정책이 끌어올린 인위적 급등세가 아니라 민간이 주체가 된 상승세였다는 것입니다.

중국 증시, 이번엔 진짜 반등하는 것일까

가장 궁금한 점은 '이번 반등이 앞으로도 상승세를 이어갈 진짜인가'일 것입니다. 필자는 바닥은 확실히 찍고 대세 반등으로 이어질 것이라고 전망합니다.

중국 투자를 고려할 때 대부분의 투자자들이 걱정하는 포인트가 몇 가지 있습니다. 부동산 침체, 내수 부진, 소비 트렌드 변화, 정부 규제 리스크 및 경제성장 둔화 등이 그것인데요. 지금부터 중국시장 투자에 대한 이러한 걱정에 대해 하나하나 살펴보겠습니다.

먼저 부동산입니다. 2021년 시진핑 주석은 헌법을 개정하고 민중을 위한 정책을 내세워 공동부유 정책을 강력하게 추진합니다. 이때 규제를 받은 몇몇 산업 중 하나가 바로 중국의 부동산입니다. 주택은 주거의 대상이지 투기의 대상이 아니라며 부동산 개발 회사들을 크게 압박한 것이죠. 사실 당시 이미 미분양 주택이 1억 채 이상인데다 부동산 가격은 천정부지로 치솟고 있었습니다. 따라서 이와 같은 정책이 절실했을 수도 있습니다. 그런데 진짜 문제는 그 다음부터 발생했습니다. 끝을 모르고 오르던 부동산 가격이 꺾이기 시작하고 부동산 개발 기업들의 자금줄이 막히자 헝다, 완다, 비구이위안 등 대형 부동산 개발 기업들이 무너진 것입니다.

절정에 이른 것은 헝다의 도산 위기였습니다. 중국은 한국과 다르게 분양을 받을 때 대금 전액을 납부합니다. 부동산 개발 기업은 이 납부금을 에스크로 계좌(은행이 결제대금이나 투자금을 예치·보관하고 조건 충족 시 정해진 절차에 따라 지급하는 계좌)에 넣어 놓고 개발 단계에 맞춰 사용합니다. 이런 식으로만 운영된다면 전혀 문제가 없겠죠. 그런데 부동산 가격이 끝없이 오르자 부동산 개발 기업들이 에스크로 계좌에 손을 대기 시작했습니다. 납부금을 이용해 토지를 추가로 매입하고 다시 분양하고 말 그대로 돌려막기를 한 것이죠. 그러다 부동산 가격이 추락하자 이와 같은 관행이 드러나게 된 것입니다. 당시 헝다의 도산 위기 사태는 중국 증시에도 큰 영향을 미쳤을 뿐 아니라 중국 GDP의 25%나 되는 부동산 시장의 위기로까지 이어져 중국 경제가 무너질 것이란 예측이 나왔을 정도입니다. 그야말로 모든 투자자가 우려 섞인 눈초리로 바라보는 것이 당연했습니다. 그때마다 꼭 나오는 질문 중 하나가 "부동산 시장, 다시 살아날 수 있을까요?"였습니다.

결론부터 말하자면, "중국의 부동산 시장은 예전으로 돌아갈 수 없다"입니다. 중국은 더 이상 과거와 같이 10% 넘는 GDP 성장률을 달성하는 국가가 아닙니다. 이와 같은 상황에서 부동산 시장이 다시 예전처럼 활황을 이어갈 것이라는 예측은 어불성설입니다. 지금 투자자 입장에서 더욱 중요하게 살펴봐야 하는 것은 '중국의 부진한 부동산 시장이 증시에 얼마나 영향을 줄 수 있는가'입니다. 중국 부동산 산업의 GDP 성장 기여도는 이미 15% 이하로 줄었고, 증시에 상장된 부동산 관련 기업들의 시가총액도 많이 줄어들었으며 상당수 기업이 상장폐지되었습니다. 이와 같은 변화가 중국 정부의 '부동산 시장 안정화' 기조와 맞물리면서 부동산 이슈는 더이상 중국 증시에 큰 영향을 주지 못하는 상황으로 변했습니다.

두 번째로 살펴볼 문제는 내수 부진입니다. 중국의 내수는 코로나19 팬데믹 이후로 상당히 부진했는데, 아직도 완전히 회복하지는 못했습니다. 하지만 아주 흥미로운 현상이 나타나고 있습니다. 그중 하나가 바로 중국 기업들의 해외 진출 욕구입니다. 최근 BYD, 샤오미 등이 우리나라에 진출해 큰 이슈가 되기도 했습니다. 이러한 변화는 2024년부터 명확하게 포착되었으며 2025년에는 수많은 기업들이 기술력을 바탕으로 해외에 진출하고 있습니다. 이는 내수 부진의 탈출구를 해외에서 찾고자 함일 것입니다.

세 번째로는 중국 소비 트렌드의 변화입니다. 2025년 전 세계를 들썩였던 팝마트의 라부부 인형을 모두들 기억할 텐데요. 이는 중국이 더 이상 저가, 저품질 상품만 만든다는 인식을 완전히 깨는 사건이었습니다. 라부부 인형의 인기는 품질도 고품질이지만 중국에서 만든 IP(지식재산권), 즉 문화가 전 세계적으로 인정받았다는 반증입니다. 이는 중국의 소비 트렌드가 소위 말하는 신소비 시대로 접어들었다는 신호입니다. 중국의 소비는 마오타이로 대표되는 고가 또는 대량 구매의 시기를 지나, 품질 좋은 가성비 제품 또는 구매자의 행복을 책임질 수 있는 제품이 주도하는 시기로 접어들었습니다. 그렇기 때문에 관련 산업이 빠르게 발전하며 과거의 내수와는 다른 모습으로 변화 발전할 가능성이 높아졌습니다.

마지막으로 정부 규제 리스크와 경제성장 둔화인데, 이 두 가지 문제는 일맥상통하는 면이 있습니다. 앞에서도 잠시 언급했듯이 시진핑 주석은 3연임을 하면서 공동부유 정책을 강력하게 시행했습니다. 당시 빅테크, 교육, 제약 등 다양한 분야가 규제를 받았죠. 중국은 최근 GDP 성장률 5%를 맞출 수 있는가가 관건이 될 정도로 경제성장이 과거 대비 둔화되고 있는 상황인데, 지금의 상황은 이들 규제 리스크가 시발점이었다고 볼 수 있습니다. 당시 경제를 주도하던 빅테크 기업들을 규제하자 빅테크 기업들은 일제히 고용과 투자를 멈췄습니다. 이때의 후폭풍이 몇 년간 이어지며 최근 청년 실업률이 20%를 넘기기도 했습니다. 이러한 상황의 중심에 공동부유가 있는 만큼 이 정책이 중요한데, 그 기조에 변화가 생기고 있습니다.

2025년 2월 17일 시진핑 주석은 이례적으로 선부론(先富論, Getting Rich First)을 연상시키는 선부촉공부(先富促共富)를 강조했습니다. 선부론은 1985년 덩샤오핑 주석이 개혁개방을 추진하며 지켰던 기본 원칙으로 "능력 있는 사람부터 먼저 부자가 돼라. 그리고 낙오된 사람을 도와라"라는 중국 경제 발전의 기치였습니다. 공동부유와는 정확히 반대되는 개념이기 때문에 시진핑 주석의 공동부유 정책이 상당히 약화됐다는 평이 나오는 것입니다.

시진핑 주석과 중국 수뇌부가 이 같은 결정을 한 이유는 아마도 경제성장 둔화인 것입니다. 경제성장 둔화를 유발한 것은 빅테크의 침체였기 때문에 빅테크를 비롯한 경제성장에 필요한 산업에 대해서는 향후 규제를 할 수 없다는 아주 강력한 시그널인 셈이죠. 앞으로 중국 정부는 오히려 빅테크 산업에 대한 규제가 아니라 호의적인 지원을 할 가능성이 높습니다. 그렇게 되면 현재의 경제성장 부진도 어느 정도 해결될 것입니다.

결과적으로 앞에서 살펴본 이러한 우려는 대부분 현실이 될 가능성이 상당히 적기 때문에 증시의 하방은 방어된다고 생각할 수 있습니다. 위에서 설명한 중국 정부의 정책 변화로 이미 많은 중국 빅테크 기업들이 AI 관련 대규모 투자를 발표하며 실행에 옮기고 있습니다. 이는 지난 3~4년간 볼 수 없었던 이례적인 활기로 향후 빅테크 기업들이 주도하는 증시 상승세가 다시 한 번 펼쳐질 것으로 예상됩니다.

2

미중 디커플링
수혜 산업 및 대표 종목

미중 디커플링
수혜 산업 및 대표 종목

미중 패권 경쟁에 투자하기 전에:
미국과 중국의 투자시장 전망

ETF로 투자하는
미중 패권 경쟁

중국판 M7의

부상

'차화정(자동차, 화학, 정유)', '태조이방원(태양광, 조선, 이차전지, 방산, 원자력)' 등은 얼핏 사람 이름이나 역사적 인물을 이야기하는 것 같지만, 이는 사실 그 시기를 대표하는 소위 잘나가는 주식들의 줄임말입니다. 이런 줄임말과 관련된 주식들은 상당 기간 증시를 주도해왔고 이런 흐름은 꽤 오랜 시간 유지되기도 하죠. 미국도 마찬가지입니다. 우리에게 익숙했던 것은 역시 FAANG(Facebook, Apple, Amazon, Netflix, Google)입니다. FAANG은 코로나19 팬데믹 시기를 대표하던 주식들이었지만, 지금은 일명 M7(Magnificent 7으로 Meta, Alphabet, Amazon, Apple, Tesla, Nvidia, Microsoft)이 미국 증시에서 기술주를 대표하는 주도주로 활약하고 있습니다. 이와 비슷하게 중국은 과거 BAT(Baidu, Alibaba, Tencent)라는 별칭으로 3대 기술 기업이 중국을 떠받쳤었지만, 중국 증시 자체에 대한 매력이 떨어지며 이러한 별칭도 사라졌습니다. 그런데 2024년 이후의 상

그림 1 중국 M7과 미국 M7 비교

승장에서 중국판 M7이 다시 등장했습니다. 지금까지 내·외부적 요인으로 상당히 저평가되어 있던 중국 기술주들의 펀더멘털이 개선되면서 반등하자 기대감과 함께 등장한 신조어로 향후 중국 증시를 이끌 큰 기둥이 될 기업들입니다. 여기서 말하는 중국판 M7 기업은 Tencent, Meituan, Alibaba, Xiaomi, BYD, SMIC, Lenovo로, 지금부터는 미중 패권 경쟁에서 중국을 대표할 중국판 M7 기업들에 대해 살펴보겠습니다.

거인의 어깨 위에서 시작해
거인이 된 텐센트

현재 텐센트(Tencent, 700.HK)는 전 세계 게임 시장의 가장 큰 손이 되었지만 그 시작은 정말 작았습니다. 텐센트의 CEO 마화텅(Ma Huateng)은 1998년 대학 동창 4명과 함께 작은 인터넷 회사를 차렸습니다. 당시 마화텅은 이스라엘의 스타트업이 개발한 최초의 인터넷 메신저 ICQ에서 영감을 받아 OICQ라는 이름의 중국판 메신저 서비스를 개발합니다. 그런데 놀랍게도 출시한 해에 무려 100만 명이 넘는 이용자가 몰리며 대성공을 이루었죠. 이후 서비스명을 QQ로 변경하게 되었는데, 오늘날 우리에게 잘 알려진 위챗(Wechat)이 QQ의 모바일 버전입니다. 마화텅은 사업 초기 "거인의 어깨 위에 올라섰다"는 말을 자주 했는데, 혁신적인 새 아이디어를 내기보다는 ICQ처럼 기존에 이미 출시된 모델을 활용해 발전시킨다는 접근 방법입니다.

위챗은 월간 활성 사용자 수가 13억 명으로, 중국 인구를 14억 1,600만

명 정도라고 했을 때 가히 압도적인 국민 메신저라 부를 만합니다. 이처럼 많은 유저를 확보하다 보니 지금은 SNS, 간편결제, 음식배달, 택시 호출, 쇼핑까지 위챗 하나로 다 되는 슈퍼앱으로 진화했습니다. 텐센트는 메신저를 기반으로 확보한 유저들의 수요에 맞춰 차츰차츰 사업영역을 확대한 아주 모범적인 길을 걸어왔습니다. 그리고 앞으로도 이와 같이 거인의 어깨 위를 타는 전략은 계속될 것으로 전망합니다.

전 세계 인기 게임의 절반은 텐센트의 손길이 닿는다

2024년 〈어쌔신 크리드〉 콘솔 게임 개발자로 유명한 프랑스의 유비소프트(Ubisoft)가 텐센트와 인수 논의 중이라는 소문이 돌았습니다. 이에 시장은 게임 시장의 재편으로 들썩였죠. 그도 그럴 것이 텐센트는 이미 〈리그오브레전드(LoL)〉의 개발사 라이엇게임즈(Riot Games)와 〈브롤스

Tip 중국의 모범생, 텐센트 CEO 마화텅

텐센트는 알리바바와 비슷한 시기에 등장해 시대를 풍미했기 때문에 텐센트의 CEO 마화텅은 알리바바의 마윈과 자주 비교되곤 합니다. 하지만 둘은 완전히 반대되는 성향과 산업 방향을 추구했는데요. 텐센트는 돈은 잘 벌지만 왠지 재미없는 기업이라 할 수 있겠습니다. 그 이유는 마화텅이 마윈만큼 언론 노출 등 활발한 활동을 이어가는 CEO가 아니기 때문입니다. 그는 공식석상에 등장할 때면 반드시 공산당 배지를 달고, 정부에 대해서는 어떠한 부정적 의견도 표출하지 않습니다. 소위 말하는 '학급 내 모범생'이라고 할 수 있죠. 반면 알리바바의 마윈 회장은 각종 언론뿐 아니라 소셜미디어에서도 공산당을 비판하는 발언을 내놓아 뭇매를 맞기도 했습니다. 2021년부터 본격화된 중국의 빅테크 규제에서 텐센트도 많은 어려움을 겪었지만 알리바바에 비해서는 약했던 것도 이 때문입니다. 이런 모습은 주주로서 오너리스크가 적음을 알 수 있는 정말 중요한 대목이라고 할 수 있을 것입니다.

타즈〉 개발사인 슈퍼셀(Supercell)을 산하에 두고 있었기 때문에 이번 인수 성사 시 글로벌 게임 시장에서 텐센트의 영향력이 더욱 강화될 것으로 전망됐기 때문입니다.

텐센트가 가장 먼저 인수한 게임은 전 세계적으로 히트를 친 〈리그오브레전드〉입니다. 이 게임은 현재 전 세계를 통틀어 가장 많이 플레이하는 게임 중 하나입니다. 지금의 e-스포츠가 자리 잡을 수 있도록 큰 공을 세운 게임이라고 할 수 있죠. 우리나라에서도 해당 게임의 인기가 상당한데요. 이 게임은 라이엇게임즈에서 개발했으며, 2011년 텐센트가 지분 93%를 인수한 후 2015년 잔여지분을 모두 인수하며 텐센트의 게임 타이틀이 되었습니다.

2015년의 〈리그오브레전드〉에 이어 2016년에는 당시 모바일 세계관 최강자인 〈클래시오브클랜〉을 인수하게 됩니다. 이 게임은 핀란드 기업 슈퍼셀에서 개발한 게임으로 당시 구글 플레이스토어 기준 다운로드 수가 5억을 돌파하는 등 꽤 오랜 시간 인기를 누렸던 게임입니다. 해당 게임의 인수소식은 텐센트로 하여금 PC와 모바일 게임 시장을 평정할 준비가 되었다고 느낄 정도의 뉴스였습니다.

이후 직접 개발한 〈Honor of Kings(王者荣耀)〉가 중국에서 공전의 히트를 하면서 텐센트는 중국을 평정하고 전 세계로 뻗어나갈 준비를 끝낸 것처럼 보였지만 이후 아주 큰 걸림돌을 만났습니다. 바로 2017년부터 이어진 중국 정부의 게임 규제입니다. 신규 게임에 대한 승인 불허와 더불어 청소년 대상 셧다운제까지 시행되면서 중국 정부의 거센 규제가 시작된 것이죠. 당시 텐센트의 주가는 큰 폭으로 하락했습니다. 2025년 6월부터는 해외 신규 게임의 승인이 이루어지면서 어느 정도 규제 완화가 포착되고 있지만, 여전히 중국 정부의 게임 산업에 대한 시선은 곱지 않습니다.

하지만 지금도 게임 산업은 텐센트에게 있어 캐시카우 역할을 톡톡히 하고 있고, 앞으로도 PC와 모바일 게임을 넘어 콘솔 게임 시장까지 성장할 것입니다. 이로써 안정적인 캐시카우를 확보한 텐센트의 마화텅 회장은 이제 다른 산업으로 진출을 시작합니다.

게임회사를 넘어 종합 핀테크 회사로 나아가는 텐센트

아직도 텐센트를 게임회사로만 알고 있는 투자자들이 많지만, 최근 몇 년간 가장 가파르게 성장한 사업 부문은 바로 핀테크와 클라우드입니다. 텐센트의 매출 중 핀테크와 클라우드 사업이 약 30%를 차지할 정도로 큰 비중을 차지하는데요. 아직 게임 사업 부문의 50%에 비하면 낮지만 빠르게 성장하고 있어 향후 매출 비중은 더욱 커질 것으로 예상됩니다.

텐센트는 사업 초기부터 영위하고 있던 위챗을 통해 모바일 결제 서비스 '위챗페이'를 제공하기 시작했습니다. 위챗페이의 월간 활성 사용자 수는 2023년 이미 9억 3,500만 명을 넘어섰으며, 일일 거래 건수도 10억 건 이상에 달합니다. 연간 거래 규모도 수십조 위안에 달할 만큼 이젠 중국인들에게 없어서는 안 될 필수 플랫폼이 된 것이죠.

클라우드의 경우도 알리바바에 이어 2위를 달리고 있으며, 중국 클라우드 시장 내 시장점유율은 약 16%로 추정됩니다. 2022년 중국의 경기 둔화로 클라우드 부문의 성장세가 주춤하는 것 같았지만, 2023년부터 AI와 클라우드의 통합 서비스 수요가 증가하면서 다시 수요가 확대되고 있습니다. 특히 텐센트는 AI 대규모 언어 모델을 클라우드에 탑재한 산업용 AI솔루션을 제공하고 있어 관련 분야의 향후 매출 증가도 기대되는 부분입니다.

메타를 보면 텐센트의 AI가 보인다

많은 이들이 중국의 AI 대규모 언어 모델(Large Language Model, LLM)은 딥시크 출시 이후에야 나오기 시작했다고 생각할 것입니다. 하지만 텐센트는 이미 2023년 자체 대규모 언어 모델을 출시한 바 있습니다. 당시 미국이 AI 시장을 주도하며 전 세계 투자자들에게는 다소 경시된 것이 사실이지만, 딥시크를 포함한 중국 AI 기업들의 결과물은 어느 날 갑자기 나타난 것이 아닙니다. 중국 정부에서 AI를 확실히 밀어주기로 한 만큼 텐센트도 AI 분야에 엄청난 투자를 하며 발전할 것으로 예상됩니다. 향후 텐센트의 AI 산업 행보를 예측하기 위해서는 메타를 보면 알 수 있습니다.

메타는 2020년 리얼리티 랩스(Reality Labs)라는 사업부를 출범시키며, 메타버스에 진지한 모습을 보여주었습니다. 하지만 2025년 1분기 기준으로 해당 사업부의 적자 규모는 무려 42억 달러에 달했으며 2020년 이후 600억 달러가 넘는 누적 적자가 발생한 것입니다. 이런 적자 규모에도 마크 저커버그는 메타버스를 포기할 생각이 없어 보입니다. 리얼리티 랩스라는 사업부를 신실하며 이와 같은 뚝심을 보여준 것이죠. 그런 상황에 2025년 6월 마크 저커버그는 또 하나의 사업부를 신설합니다. 바로 슈퍼인텔리전스 랩스(Superintelligence Labs)인데요.

이 조직은 메타의 AI 전략을 재편성하는 핵심 조직으로 향후 AI 연구 및 개발을 총괄하는 역할을 할 것으로 보입니다. 또한 마크 저커버그는 해당 사업부 설립과 동시에 데이터 라벨링 및 모델 평가 전문 기업인 스케일 AI(Scale AI)의 지분 49%를 143억 달러에 인수하며, 창립자이자 CEO인 알렉산더 왕(Alexandr Wang)을 해당 사업부의 수장으로 임명했습니다. 그 이후 공격적으로 오픈AI, 애플, 구글 딥마인드 등에서 주요 AI 연구자들을 영입하고 있습니다. 슈퍼인텔리전스 랩스의 설립은 메타가 앞으로 얼마나 진지하게 AI에 임할지를 보여주는 일례라고 할 수 있습니다.

마크 저커버그가 이렇게 AI에 활발하게 투자하고 거기서 발전 가능성을 찾을 수 있었던 것은 바로 메타가 보유하고 있는 구독자와 데이터 덕분입니다. AI 대규모 언어 모델을 개발할 때 엔비디아의 칩도 물론 중요하지만, 또 하나 중요한 것이 대량의 데이터를 활용한 학습입니다. 일론 머스크가 X(전 트위터)를 인수한 것도 이와 같은 계산에 기인한 것이죠. 지금도 마찬가지지만 향후 AI 대규모 언어 모델을 개발하는 수많은 기업들은 X, 메타 등 수많은 데이터를 보유하고 있는 기업에 AI 학습을 위한 비용을 지불해야 합니다. 하지만 메타는 이미 수많은 데이터를 확보하고 있어 이와 같은 추가 비용이 필요하지 않습니다. 이제는 하드웨어와 기술자만 있으면 되는 것이죠. 이에 천문학적인 비용을 지불하더라도 경쟁자 대비 우위를 점할 수 있는 것입니다. 메타의 페이스북, 인스타그램은 전 세계적으로 월간 활성 사용자 수가 각각 30억, 20억 명에 달합니다. 그렇기 때문에 인프라와 기술만 갖춰준다면 빠른 속도의 발전은 어느 정도 보장된다고 봐도 무방할 것입니다.

이와 같은 방식을 텐센트에도 적용해볼 수 있습니다. 물론 텐센트는 글로벌에서는 약하지만 중국 내에서는 방대한 데이터를 보유하고 있습

표 1 주요 플랫폼 월간 활성 사용자 수 비교

플랫폼	회사	월간 활성 사용자 수	주요 기능 및 특징
위챗	텐센트	약 13억 3,000만 명	메시징, 결제, 쇼핑, 미니 프로그램 등 통합 플랫폼
QQ	텐센트	약 5억 5,400만 명	데스크톱 기반 메신저, 게임, 음악, 이메일 등
Qzone	텐센트	약 5억 1,700만 명	블로그, 사진, 음악, 비디오 공유 플랫폼
페이스북	메타	약 30억 7,000만 명	뉴스 피드, 그룹, 이벤트, 광고 등 SNS
인스타그램	메타	약 20억 명	사진·동영상 콘텐츠 공유, 스토리, 릴스, 쇼핑 등
왓츠앱	메타	약 20억 명	메시징, 음성·영상 통화 등
메신저	메타	약 10억 명	페이스북 연동 메시징
스레드	메타	약 3억 명	텍스트 기반 소셜 네트워크. X(트위터)와 유사

출처: 언론사 발표 취합

니다. 위챗의 월간 활성 사용자 수는 무려 13억 명에 달해 중국 인구와 맞먹을 뿐만 아니라 자체 SNS 서비스인 Qzone도 5억 명이 넘어 AI 학습 분야에 큰 장점을 보유하고 있다고 할 수 있죠. 딥시크 발표와 시진핑 주석과의 좌담회 이후 자신감을 얻은 중국의 빅테크 기업들이 너나 할 것 없이 AI 투자를 발표하고 있는 지금 텐센트도 관련 분야 투자를 확대할 예정인데, 메타와 비슷하게 큰 강점을 이미 보유하고 있다고 할 수 있습니다.

중국이라는 거인의 어깨 위에 탈 기회

텐센트는 이스라엘 메신저를 모방한 사업으로 시작했지만, 사업을 확장

텐센트의 주요 지표(2025년 12월 23일 기준)

텐센트(700)			(단위: 홍콩 달러)
52주 신고가/신저가	683/364.8	상장 시장	홍콩
PER(주가수익비율)	25.18	시가총액	5.57조
ROE(자기자본비율)	19.83%	영업이익률	32.95%
배당률	0.73%	순이익률	29.86%

출처: Yahoo Finance, Bloomberg

하며 지금의 거대한 거인이 되었습니다. 중국 정부의 게임 산업 규제에도 해당 사업부가 일종의 캐시카우로 남게 된 것도 어찌 보면 그동안의 행보 때문이 아닐까 생각합니다. 텐센트는 앞으로도 중국 정부의 모범생으로 정부 정책에 부응하며 새로운 사업을 확장해 나갈 것입니다. 중국 정부가 가는 길을 함께 간다고도 생각할 수 있죠. 중국은 AI 산업 장려를 명확히 피력하고 있기 때문에 텐센트도 AI 산업에서 두각을 나타낼 것으로 전망할 수 있습니다. 어찌 보면 중국 정부에 발맞춰 중국 산업 발전과 함께하는 텐센트에 대한 투자는 중국이라는 거인의 어깨 위에 탈 기회일 수도 있습니다.

미국의 제재에 직격탄을 맞은
SMIC

2018년 트럼프 1기 때 시작된 미국의 대중국 무역제재는 2020년 말 미국 상무부가 SMIC(981.HK)를 '제재 대상 명단(Entity List)'에 포함시키며 반도체 산업으로까지 확산되었습니다. 이 조치는 향후 미국산 장비나 기술이 SMIC로 수출될 때 미국 정부의 허가를 받도록 한 것인데, 사실상 향후 SMIC가 미국산 최첨단 반도체 기술 수입을 할 수 없다는 뜻이기도 합니다. 중국의 대표 파운드리 기업인 SMIC를 제재한다는 것은 중국 반도체 산업 전반에 대한 제재이며 이후 그 범위는 더욱 확산되었습니다. 2022년부터 미국은 동맹국과 함께 대중국 반도체 장비 수출 규제를 강화하며, SMIC의 EUV(Extreme Ultraviolet) 최첨단 반도체 장비 수입을 막았습니다. 2023년부터는 7나노미터급의 DUV(Deep Ultraviolet) 장비도 수출 허가 대상으로 지정했죠. 이에 SMIC는 최첨단 반도체는 물론이고 기존의 28나노미터급 반도체도 생산하기 힘든 상황에 처하게 됩니다.

그림 2 미국 상무부의 제재 대상 규정 관련 설명

The Entity List (supplement no. 4 to this part) identifies persons or addresses of persons reasonably believed to be involved, or to pose a significant risk of being or becoming involved, in activities contrary to the national security or foreign policy interests of the United States. The entries are added to the Entity List pursuant to sections of part 744 (Control Policy: End-User and End-Use Based) and part 746 (Embargoes and Other Special Controls) of the EAR.

(a) *License requirements.* In addition to the license requirements for items specified on the CCL, you may not, without a license from BIS, export, reexport, or transfer (in-country) any items included in the License Requirement column of an entry on the Entity List (supplement no. 4 to this part) when an entity associated with that entry or when any entity using an address of high diversion risk associated with that entry is a party to a transaction as described in § 748.5(c) through (f) of the EAR. The specific license requirement for each listed entity or address with high diversion risk is identified in the license requirement column on the Entity List in supplement no. 4 to this part.

(b) *License exceptions.* No license exceptions are available for exports, reexports or transfers (in-country) to listed entities or addresses that present a high diversion risk of specified items, except license exceptions for items listed in § 740.2(a)(5) of the EAR destined to listed Indian or Pakistani entities to ensure the safety of civil aviation and safe operation of commercial passenger aircraft, and in the case of entities added to the Entity List pursuant to § 744.20, to the extent specified on the Entity List.

출처: Bureau of Industry and Security U.S. Department of Commerce

그런데 아이러니하게도 당시 SMIC의 단기 실적은 큰 영향을 받지 않았습니다. 2021~2022년은 코로나19 팬데믹으로 인해 전 세계적 반도체 품귀 현상이 발생하며 내수 수요가 급증했기 때문입니다. 이에 2022년 매출은 전년 대비 34% 증가한 72억 달러로 당시 사상 최대치를 달성했습니다. 그러나 중장기적으로는 영향을 받고 있었죠. 2023년 전 세계 반도체 경기가 둔화하면서 SMIC의 매출 및 매출 총이익률이 급락했습니다. 매출은 전년 대비 13% 감소한 63억 달러를 기록했고, 매출 총이익률도 19.3%로 전년 대비 거의 반토막이 났습니다. 특히 매출 총이익률은 업계 1위인 TSMC 대비 큰 폭으로 하락했습니다. TSMC는 2023년에 약 50%의 매출 총이익률을 달성했는데, 2022년의 60%대 대비 소폭 하락에 그친 것입니다. 이는 SMIC가 미국의 제재로 최첨단 공정이 어려워지면서 높은 이익률의 제품을 판매할 수 없는 구조적 약점이 발생

했기 때문입니다. 그렇다면 SMIC는 이 난관을 어떻게 극복했으며, 지금 중국판 M7으로 떠오른 이유는 무엇일까요? 그건 바로 중국 정부의 든든한 지원 때문이었습니다.

중국 반도체 굴기의 선봉장

중국은 2015년 '제조업 2025'를 통해 2025년까지 반도체 산업의 국산 자립화를 70%까지 달성하겠다고 발표하며 반도체 굴기를 본격적으로 시작합니다. 이 계획의 일환으로 SMIC는 중국 정부의 전폭적인 지원을 받고 있습니다. SMIC의 주요 주주에는 중국 국영 통신장비업체인 다탕(Datang Group Holdings)과 중국 국가집적회로산업투자펀드가 있습니다. 이 투자펀드는 2014년과 2019년 두 차례에 걸쳐 조성된 수십 조원 규모의 투자펀드로 SMIC에 직·간접 투자를 단행했습니다. 2020년 SMIC의 중국 본토 상장 시에도 약 2조 원이 넘는 금액을 SMIC에 출자하여 신규 공장 건설을 돕기도 했죠. 이런 지분 구조만 보아도 중국 정부의 반도체 굴기 프로젝트에서 SMIC가 얼마나 핵심적인 역할을 하고 있는지 알 수 있습니다.

이 외에도 중국 정부는 SMIC에 각종 혜택을 주고 있습니다. 토지 무상 제공, 세제 감면, 전기료 할인, 연구보조금 지급 등 수많은 혜택뿐 아니라 공장 건설에도 거액의 보조금이 투입되고 있습니다. 현재 SMIC는 순수 반도체 생산 파운드리로는 TSMC 다음가는 규모를 자랑하고 있는데, 일반 민영기업이라면 절대 지금과 같이 빠른 속도로 생산 능력을 확대할 수 없었을 것입니다.

중국 정부는 직접적인 혜택뿐 아니라 제도적으로도 SMIC에 전폭적인 지지를 해주고 있습니다. 반도체 장비 수입이 막히자 국내 장비 개발을 촉진하는 한편, 일본산 중고 장비를 구입할 수 있도록 도와 생산을 이어갈 수 있도록 지원했습니다. 또한 중국 내 수요를 사실상 SMIC에 몰아주는 분위기도 조성했는데 수많은 반도체가 필요한 중국 자동차 산업 내 반도체 국산화 25% 규정이 대표적인 예라고 할 수 있죠. 이처럼 중국 정부에서 외향뿐만 아니라 내수 수요를 몰아주니 SMIC가 빠르게 성장할 수 있었던 건 당연한 일입니다.

EUV 장비 없이 만든 7나노미터 반도체

2023년 화웨이에서는 자체 개발한 7나노미터 스마트폰 칩을 탑재한 스마트폰 '메이트 60 프로'를 출시해 전 세계를 놀라게 했습니다. 당시 중국은 미국의 강력한 반도체 제재를 받고 있었는데 EUV 장비가 있어야만 생산할 수 있는 7나노미터 스마트폰 칩을 자체 개발했기 때문이죠. 당시 블룸버그에서 해당 스마트폰을 구입해 분해해보는 등 모두들 의심의 눈초리를 보내고 있었는데, 해당 칩은 7나노미터 칩이 맞는 것으로 밝혀졌습니다. 이에 모두의 시선은 이 칩이 대체 어느 기업에 의해 생산된 것인가였습니다. 언론에서는 '제재를 무시하고 TSMC가 수출한 것이다', '네덜란드의 ASML이 미국의 제재를 무시하고 EUV 장비를 수출한 것이다' 등 갑론을박이 이어졌지만 결론은 둘 다 아니었습니다. 중국의 파운드리 기업 SMIC가 EUV 장비 없이 개발한 것이었죠.

EUV 수입이 막히자 SMIC는 화웨이와 함께 EUV 장비보다 한 단계 뒤처지는 DUV 장비를 사용해 7나노미터 반도체를 개발하는 프로젝트에 방대한 자금과 노력을 투입했습니다. 이에 수율(생산제품 중 우량품 비율)이 30%로 다소 떨어지지만 결국에는 생산에 성공한 것입니다. 당시 TSMC와 삼성전자는 이미 7~3나노미터 반도체 생산에 EUV 장비를 사용하고 있었는데, SMIC는 DUV 장비를 활용해 일종의 수작업으로 만들어 낸 것입니다. 비용과 수율이 많이 떨어져 기업의 영업이익에는 큰 영향을 줄 테지만 중국 정부의 지원을 받고 있는 SMIC에게는 가능한 이야기였습니다.

7나노미터 칩이 뭐 그리 대단한가 싶겠지만, 7나노미터를 생산했다는 것은 스마트폰과 데이터센터를 구동하는 고성능 칩의 생산 가능을 뜻하는 것이기에 그 의미가 크다고 할 수 있습니다.

화웨이는 이번 7나노미터 칩으로 전 세계적인 큰 반향을 일으켰으며 지난 몇 년간 잃었던 중국 휴대폰 시장점유율도 되찾았습니다. 또한

Tip 반도체 제조 공정

반도체는 일반적으로 8대 공정을 거쳐서 생산됩니다. 간단하게 설명하면 웨이퍼 제조→산화→포토→식각→증착&이온 주입→금속 배선→EDS(Electrical Die Sorting)→패키징으로 공정을 나눌 수 있는데요. 미국의 대중국 반도체 제재의 핵심인 EUV 장비는 바로 포토 공정에서 사용됩니다. 포토 공정은 반도체 제작의 핵심이라고 할 수 있는데, DUV 또는 EUV 등 반도체 장비를 사용해 산화 웨이퍼 위에 빛으로 원하는 회로나 소자의 모양을 찍어내는 공정입니다. 우리가 흔히 말하는 7나노미터 공정, 4나노미터 공정이 바로 이 포토 공정에서의 미세화 기술 수준인 것이죠. 숫자가 낮을수록 미세화 기술이 뛰어나다는 것을 의미하며, 이로 인해 제품의 소량화 및 첨단화뿐만 아니라 더 낮은 나노미터 제품의 수요가 증가하고 있습니다. EUV 장비는 7나노미터 이하 급의 반도체를 생산하는데 널리 사용되지만, DUV 장비는 EUV 이전의 장비로 7나노미터 이하 급의 반도체를 생산하기는 어렵다고 할 수 있습니다.

SMIC와 화웨이는 향후 5나노미터 칩을 넘어 AI칩까지 개발하기 위해 긴밀하게 협력하고 있습니다.

중국 정부가 밀어주는 새로운 매출처

SMIC가 생산하는 반도체의 80% 이상은 가전, 스마트폰, 컴퓨터용입니다. 이들 반도체의 매출은 매년 꾸준히 증가하고 있으며, 향후 산업용 및 자동차용 반도체로의 성장 또한 기대됩니다. 2025년 1분기 기준 산업용 및 자동차용 반도체 비중은 9.6%로 아직은 적은 편이지만 꾸준히 성장하고 있는 것이죠. 이는 전기차 및 산업 자동화에 쓰이는 마이크로 컨트롤러, 센서, 전력 반도체 등에서 SMIC의 역할이 확대되고 있음을 뜻합니다. 특히 중국의 전기차 보편화로 전기차용 반도체 수요가 급증하면서 SMIC도 관련 주문을 많이 확보하는 추세입니다.

SMIC 경영진은 2025년 1분기 실적 발표에서 "자동차·산업용 반도체 설계 선두 업체 다수가 SMIC 생산을 선호한다"고 밝혔고, 중국 정부가 완성차 업체들에게 국산 반도체 사용 비중을 25% 이상으로 할 것을 권

표 2 SMIC의 반도체 매출 비중

용도(사업 부문)	매출 비중
소비자 가전	40.6%
스마트폰	24.2%
컴퓨터·태블릿	17.3%
IoT/웨어러블	8.3%
산업·자동차	9.6%

출처: SMIC

SMIC의 주요 지표(2025년 12월 23일 기준)

SMIC(981)			(단위: 홍콩 달러)
52주 신고가/신저가	93.5/24.85	상장 시장	홍콩
PER(주가수익비율)	125.37	시가총액	6,616억
ROE(자기자본비율)	3.28%	영업이익률	14.74%
배당률	-	순이익률	6.85%

출처: Yahoo Finance, Bloomberg

고하면서 SMIC에 긍정적 수요 환경이 조성되고 있습니다. 이러한 흐름에 부응해 SMIC는 2025년 한 해에만 73억 달러에 달하는 설비 투자를 발표하며 대규모 증설에 나섰습니다. 특히 경쟁사들이 중국 내수 둔화를 이유로 투자를 줄이는 것과는 대조적이라 향후 설비 증설로 인한 시장점유율의 추가 확대가 기대됩니다.

결론적으로, SMIC는 자사의 기존 강세 분야인 스마트폰, 가전용 반도체 사업을 잘 지키며 자동차 등 신수요 분야를 공략하는 등 매출 포트폴리오를 다변화하고 있어 향후 기대가 되는 기업입니다. 또한 중국 정부가 반도체 굴기 및 자립을 포기하지 않는 한 지속적인 지원을 받으며 성장할 것이 분명하다 할 수 있습니다.

기지개를 펴는 아시아의 용, 알리바바

2025년 초 중국에서 딥시크가 발표된 이후, 전 세계의 이목이 중국의 빅테크 기업에 집중되며 관련 산업이 발빠르게 움직였습니다. 그중 가장 기대를 모은 기업 역시 알리바바(9988.HK/BABA.US)였습니다. 중국 테크 산업에서 알리바바가 차지하는 상징성이 크고, 마윈 회장에 대한 기대와 우려 또한 상당했기 때문입니다. 알리바바는 과거 중국의 빅테크 규제에 직격타를 맞았습니다. 여기에 최근 몇 년 동안 마윈 회장도 중국 정부에 대해 거침없는 발언을 쏟아내며 두문불출하는 모습을 보였습니다. 이에 알리바바의 향후 성장성에 대한 의구심이 투자자들을 지배하며 주가도 큰 폭의 하락세를 이어가고 있었습니다.

이 같은 기대와 우려가 상존하던 시기인 2025년 2월 17일 시진핑 주석과 민영기업의 좌담회가 열렸습니다. 이는 시진핑 주석이 집권 중 두 번째로 연 좌담회로 흔하지 않은 행사이며, 이 행사에 참석한 기업들은 당시 중국 경제의 엔진이자 향후 중국 경제 정책의 핵심에 있을 기업임을 의미합니다. 당시 딥시크를 내놓은 량원펑 CEO를 포함해 화웨이, BYD, CATL, 샤오미, 유니트리 등 유수의 기업 CEO들이 참석했는데, 그 자리에 마윈 회장이 초대받은 것입니다.

한때 실종설이 나돌 정도로 두문불출하던 마윈이 시진핑 주석과 함께하는 자리에 등장하며 알리바바의 부활에 대한 기대감은 한층 고조되었습니다. 알리바바도 이에 발맞춰 향후 3년간 AI 인프라 구축에 3,800억 위안(약 76조 원) 규모의 투자를 약속하기도 했죠. 이는 지난 10년간 알리바바가 했던 투자 금액을 넘어서는 규모로 그동안 잠자고 있던 알리바바가 깨어나 기지개를 펴고 있다는 것을 반증하는 것입니다.

중국 창업 붐의 주역, 알리바바

마윈은 1999년 17명의 동료와 작은 아파트에 모여 자본금 50만 위안(약 8,000만 원)으로 알리바바를 창업했습니다. 2014년 미국 뉴욕증권거래소에 상장한 알리바바는 많은 중국 청년들의 우상이 됨과 동시에 중국에서 창업 붐을 일으켰습니다.

미국 상장 당시 세계 증시 사상 최대 금액인 1,667억 달러로 상장하며 전 세계를 놀라게 했지만, 창업 초기에는 중국의 인터넷 보급률도 낮고 온라인 쇼핑 개념이 전무했기 때문에 난항을 겪기도 했죠. 알리바바는 2000년 창업 1년 만에 자금이 바닥나 도산 위기에 처했지만, 소프트뱅크 손정의 회장이 마윈의 발표를 듣고 5분만에 2,000만 달러를 투자하며 위기에서 벗어난 일화로 유명하기도 합니다.

알리바바는 창업 26년 동안 그야말로 거침없이 성장했습니다. 2003

년에는 온라인 쇼핑몰 타오바오(Taobao)를 성공적으로 오픈했으며, 2004년에는 중국 최초의 전자결제시스템인 알리페이(Alipay)를 도입해 중국 디지털 금융의 혁신을 이끌었습니다. 또한 2009년에는 알리바바 클라우드를 통해 클라우드 산업에도 본격적으로 뛰어들었죠. 현재는 전자상거래, 핀테크, 물류, 클라우드, AI, 엔터테인먼트 등 다방면의 사업을 통해 중국을 넘어 전 세계로 빠르게 확장하고 있습니다.

고난과 창조의 신화

알리바바는 지금 우리가 당연하게 생각하는 많은 것을 만들어 냈습니다. 우리가 중국 온라인 전자상거래라고 하면 자연스럽게 타오바오(Taobao), 티몰(Tmall), 알리익스프레스(AliExpress) 등을 떠올리겠지만 알리바바에게도 고난의 시간은 있었습니다.

2003년 당시 전 세계 전자상거래 시장은 이베이(eBay)가 석권하고 있었고, 이들은 전자상거래 초기 시장에 머물러 있던 중국 시장 진출을 선언합니다. 당시 사업 노하우에 있어 이베이에 밀릴 수밖에 없었던 알리바바에게는 상당히 우려되는 상황이었습니다. 이에 알리바바는 수수료 무료 모델로 이베이에 맞섰고 결국 이베이를 시장에서 몰아내고 중국 내 일인자로 자리매김하는 데 성공했습니다.

또한 온라인 결제 시스템인 알리페이를 도입하며 결제 및 신뢰 이슈를 해결했으며, 2009년에는 클라우드 사업에 뛰어들면서 중국 내 1위, 전 세계 상위권에 자리매김하기도 했죠. 이로 인해 방대한 이커머스 데이터, AI기술을 구현할 수 있게 되면서 스마트 물류, 디지털 엔터테인먼트 산업의 발전에 초석을 마련했습니다. 최근 중국에서 수출되는 초저가 의류, 상품 등은 생산, 물류 혁명 등을 통해 가능해졌는데, 이러한 부분이 바로 알리바바가 만든 기초에서 발전한 것입니다.

우리나라 소비자들도 많이 참여하는 중국의 광군제 쇼핑 축제도 알리바바에서 처음 시작한 것으로, 한때 매년 폭풍 성장하며 대형 스크린에 실시간 판매 데이터를 공개하기도 하는 등 전 세계적인 이슈몰이를 하기도 했죠. 이와 같이 알리바바는 오늘의 중국에 많은 영향을 끼친 기업이라 할 수 있습니다.

암흑시대를 통한 사업 재편

2020년 거침없이 항해하던 알리바바호가 암초를 만나게 됩니다. 바로 누구도 피해가지 못했던 중국 정부의 빅테크 규제입니다. 모든 빅테크 회사가 규제의 칼날에 직면했지만 알리바바는 경쟁사 대비 더 심한 규제를 받게 되죠. 당시 알리바바의 수장 마윈은 중국 청년들에게 마대디(마윈 아버지)라 불릴 정도로 우상이 되어 있었고, 알리바바는 곧 마윈이라 할 수 있을 정도로 회사 경영에 미치는 영향이 컸습니다. 이와 같은 지지에 힘을 얻은 것인지, 2020년 10월 마윈은 상하이 와이탄 금융서밋에서 중국 금융당국의 보수적 규제를 공개적으로 비판했습니다. 이 발언이 중국 정부의 심기를 건드리며 마윈 회장과 알리바바는 엄청난 철퇴를 맞게 됩니다. 그 신호탄은 당시 전 세계적인 기대를 모았던 앤트그룹의 상장 중단으로 이어졌습니다. 당시 알리바바의 핀테크 자회사였던 앤트그룹은 상하이와 홍콩 동시 상장을 준비하고 있었고, 사업이 빠르게 확장되고 있던 만큼 많은 투자자가 상장에 참여했는데 상장 하루 전에 이를 중단시킨 것입니다. 이례적인 중국 정부의 조치로 전 세계 투자자들의 알리바바에 대한 투자 우려가 급증하기 시작했습니다.

중국 정부의 철퇴는 여기에서 그치지 않았습니다. 2021년 4월에는 독점금지 명목으로 알리바바에 182억 위안(약 3조 4,000억 원)의 과징금을 부과했는데 이는 중국 역대 최대 규모였습니다. 이후 마윈은 공식 석상에서 자취를 감추고 두문불출하며 실종설, 구금설까지 돌게 되었고 알리바바의 주가는 2022년 한때 고점 대비 70% 이상 폭락하는 굴욕을 겪어야 했습니다.

이와 같은 혹독한 암흑시대를 보낸 알리바바에서 2023년부터 부활을 알리는 신호들이 나오기 시작했습니다. 앤트그룹 상장과 관련해 71억 2,000만 위안(약 9억 8,000만 달러)의 최종 벌금을 부과하면서 사안을 마무리 짓자 시장에서는 빅테크 규제의 종료 신호로 받아들이기 시작했습니다. 또한 알리바바의 사업부 분할 재편으로 전자상거래, 클라우드, 물류, 디지털 미디어 등 자회사로 분할된 각 사업부는 필요한 경우 각각 IPO가 가능하게 되었습니다. 시장에서는 그동안 하나의 회사에 가려졌던 각 사업부의 강점이 들어날 수 있는 좋은 기회라 평가했으며, 혹시 모를 향후 중국 정부의 규제 리스크도 분산시킬 수 있다고 평가하며 한때 주가가 급등하기도 했습니다. 이와 같은 재편안으로 알리바바의 구조는 과거와 달리 좀 더 명확한 투자 방향을 갖출 수 있게 되었습니다.

다시 AI 시대의 주역으로

알리바바는 AI 및 클라우드 인프라 관련 대규모 투자 계획을 발표한 후 AI 모델도 지속적으로 내놓고 있습니다. 알리바바의 대표 AI 모델은 Qwen 시리즈로 다양한 벤치마크에서 우수한 성능을 입증하고 있습니다. 특히 Qwen3 모델은 119개 언어를 지원하며 문서 분석, 이미지 및 비디오 생성 등 다양한 작업에 활용되고 있습니다.

알리바바의 AI 모델은 Gartner, Forrester, Omdia 등 여러 국제기관의 평가에서 산업 리더로 인정받았습니다. 특히 Qwen 시리즈는 중국어 모델 중에서 최고 성능을 기록하며, 글로벌 벤치마크에서도 상위권에 위치하고 있습니다.

또한 중국을 넘어 글로벌 확장도 활발히 진행하고 있습니다. 말레이시아, 필리핀 등에 데이터센터를 건설해 부족한 AI 인프라 수요를 맞추기 위해 노력하고 있으며, 싱가포르에는 AI 허브를 설립해 5,000개 이상의 기업과 10만 명 이상의 개발자를 지원하고 있습니다.

알리바바는 마윈이라는 강력한 지도자를 필두로 중국 발전의 초석을 마련하기도 했지만, 지도자 때문에 암흑의 시기를 겪기도 했습니다. 지금은 암흑기를 지나 분산된 권력과 이미 갖춰져 있는 기술, 자금력을 기반으로 다시 한 번 중국 정부의 지지를 얻어 AI 시대로 거듭나고 있습니다. 최근에는 딥시크보다 빠른 AI 모델 업데이트를 보여주고 있어 향후 어떤 방향으로 발전할지 기대가 모아지는 기업입니다.

알리바바의 주요 지표(2025년 12월 23일 기준)

알리바바(9988)			(단위: 홍콩 달러)
52주 신고가/신저가	186.2/77.35	상장 시장	홍콩
PER(주가수익비율)	21.4	시가총액	2.94조
ROE(자기자본비율)	11.19%	영업이익률	12.19%
배당률	0.67%	순이익률	2.16%

출처: Yahoo Finance, Bloomberg

대륙의 실수라 불리는
샤오미

샤오미(1810.HK)는 2010년 레이쥔(Lei Jun)이 구글, 마이크로소프트, 야후 출신으로 구성된 10명과 함께 설립한 스타트업입니다. 설립 당시 이들의 철학은 '비싼 돈 들이지 않고도 고품질의 제품을 만들 수 있다'였습니다. 아직도 '중국산'이라고 하면 저품질의 저가 제품을 생각하는 사람이 많은데 2010년이면 말할 것도 없었겠죠. 그런 시절 이들은 최첨단 기술을 합리적인 가격에 제공하고자 했던 것이라 그 누구도 이들이 잘될 것이라고는 생각하지 않았습니다.

샤오미는 애플을 벤치마킹했고 여러모로 애플과 비슷한 모습을 보입니다. CEO 레이쥔은 매번 마치 스티브 잡스를 연상케 하는 옷을 입고 발표 현장에 나타났으며, 미펀(Mi粉)이라 불리는 두터운 팬층을 형성하기도 했습니다. 설립 초기 샤오미는 지금과 달리 하드웨어 제품이 아닌 운용체제 개발에 집중했습니다. 고객 100여 명을 알파 테스터로 참여시켜 운용체제 MIUI를 개발하는 프로젝트였는데, 매주 MIUI를 업데이트하고 의견을 주고받는 과정에서 테스트에 참여한 많은 고객들이 샤오미의 팬이 되었고, 이것이 미펀으로 이어진 것입니다.

이와 같은 팬 중심의 전략은 사업 초기 샤오미가 빠르게 성장할 수 있도록 도왔으며, 이를 바탕으로 2011년 출시된 첫 스마트폰 '샤오미 Mi 1'이 큰 호응을 얻었습니다. 해당 제품은 한정 수량의 플래시 세일(Flash sale) 방식으로 판매하여 수많은 구매자들의 호응을 이끌었으며, 당시 주류를 이루고 있던 삼성, 애플에는 크게 못 미치지만 가성비 좋다는 평가를 받으며 급부상했습니다. 이때 생긴 별명이 바로 저품질의 중국산 제품이라는 인식을 깬 '대륙의 실수'입니다. 이 별명은 상당히 오랜 시간 샤오미를 따라다녔지만, 2025년 현재 샤오미는 자신들의 제품을 '대륙의 실수'라 부르는 사람을 더 이상 찾아볼 수 없을 만큼 성상했습니다.

치열한 스마트폰 경쟁 생존기

중국은 전 세계에서 가장 경쟁이 심한 스마트폰 시장 중 하나입니다. 중국 소비자들은 누구보다 제품 변화에 민감해 신제품이 나오면 쉽게 바꾸기도 하고, 워낙 소비자층이 다양해 저가형부터 고가형까지 넓은 제품군의 시장을 보유하고 있습니다. 비록 샤오미가 스마트폰 업계에 혜성같이 등징해 일약 스타가 되었지만, 저가형 시장에는 오포(OPPO), 비보(VIVO) 등 쟁쟁한 경쟁자가 등장했고, 고가형 시장에는 화웨이라는 막강한 경쟁자가 존재했습니다.

샤오미는 저가 시장의 경쟁 심화를 중국 국내가 아닌 글로벌 시장에서 해소했습니다. 2014년 인도에 처음으로 진출해 빠른 속도로 인도 내 시장점유율을 확대했고, 2020년에는 시장점유율을 30% 가까이 차지하며 인도 스마트폰 시장 1위를 달성했습니다. 또한 동남아시아와 유럽에서도 성공적으로 자리 잡았는데, 스페인, 이탈리아, 프랑스 등 주요국에서 한때 20~30%대의 시장점유율을 달성하기도 했습니다.

이와 같은 중국 내의 치열한 경쟁을 뚫고 생존한 샤오미는 글로벌 시장에서 삼성, 애플에 이어 3위로 자리 잡으며 안정적인 성장을 기록하고 있습니다.

첫 번째 도약기: 스마트폰을 넘어 IoT 왕국으로

샤오미의 이런 초기 성공에도 불구하고 우리나라에서 샤오미의 존재를 각인시켰던 것은 스마트폰이 아닙니다. 바로 체중계, 보조배터리 등 가성비 소형 가전제품이었죠. 많은 사람이 아직도 샤오미하면 보조배터리, 체중계 등을 기억할 것입니다. 당시 저가의 품질 좋은 보조배터리를 직구로 구매했는데, 이때 이미 샤오미는 스마트폰 개발 기술을 기반으로 IoT 산업으로 빠르게 확대하고 있었습니다. 한때 유행했던 샤오미 체중계는 스마트폰 앱과 연계되어 건강관리에 활용되며 유명세를 탔는데, 이 또한 대표적인 IoT의 한 예라 할 수 있습니다.

현재 샤오미는 TV, 노트북, 스피커, 스마트 안경 등 그야말로 없는 게 없을 정도로 다양한 제품을 판매하고 있습니다. 모든 제품들은 샤오미 앱을 통해 통합 관리되는데, 최근에는 AI와 접목시켜 사용자의 생활패턴에 따라 조명, 온도, 보안시스템 등을 자동으로 조절하는 첨단 기능도 탑재되어 있습니다.

과거 '대륙의 실수'라 불렸지만 지금은 "샤오미가 만드는 제품은 믿을 만하다"는 인식이 소비자들에게 깊이 각인되어 있어 제품군이 다양해도 거부감이 없습니다. 이런 인식으로 샤오미는 새로운 분야에서 두 번째 도약기를 맞고 있습니다. 바로 전기차 산업입니다.

두 번째 도약기: 가성비 전기차 출시

2021년 말 샤오미의 CEO 레이쥔은 100억 달러를 투자해 전기차 산업에 진출하겠다고 선언하며 전 세계를 놀라게 했습니다. 애플도 한때 추진 했었지만 높은 진입장벽으로 좌절했던 전기차 산업으로의 진출을 과거 애플을 모방해 성장한 샤오미가 해내겠다고 선언했으니 놀랍지 않을 수 없었습니다.

당시 중국의 전기차 시장은 빠르게 성장하고 있었지만, 이미 BYD, 샤오펑, 테슬라 등 수많은 경쟁자가 존재했기 때문에 사람들은 샤오미가 전기차 시장에서 두각을 나타낼 수 있을지 의구심을 품었습니다.

발표 3년만인 2024년 3월 샤오미의 첫 전기차 SU7이 출시되었습니다. 한번 충전으로 800킬로미터 주행이 가능하고, 제로백 2.78초 등 타 전기차 대비 뒤처지지 않는 고성능을 자랑했습니다. 더욱 놀라운 것은 가격인데, SU7이 22만 위안(약 4,400만 원), SU7 Pro는 25만 위안(약 5,000만 원), SU7 Max가 30만 위안(약 6,000만 원)으로 출시되어 그야말로 샤오미다운 가성비 전기차를 선보였습니다. SU7은 사전 예약 첫날 27분만에 무려 5만 대가 예약되었고, 탁송 첫날인 4월 3일 기준으로는 무려 10만 대가 판매되어 단기간에 엄청난 반향을 일으켰습니다.

위기를 넘어 앞으로 앞으로

한창 순항하던 샤오미 전기차 사업에 급제동을 건 위기 상황이 있었습니다. 20대 여대생 3명이 샤오미 SU7의 자율주행 모드로 주행하다 사고가 난 것입니다. 고속 주행 중 공사 구간 장애물을 피하지 못해 중앙분리대 콘크리트 벽과 충돌하며 불이 났고 문이 열리지 않아 3명 모두 사망한 사건이었죠. 한창 순항하고 있던 샤오미에게는 자율주행 불안정성 논란과 더불어 사업에 큰 영향을 줄 수 있는 상황이었습니다. 사고 당일 샤오미의 주가는 무려 5.5% 하락했으나 레이쥔 CEO가 이례적으로 빠르게 적극적인 대응에 나서면서 무사히 위기를 넘길 수 있었습니다.

샤오미는 2025년 6월 전기차 신모델 YU7의 출시를 했습니다. 공개와 동시에 예약판매를 진행했는데, 첫 18시간 동안 24만 건이 넘는 예약을 받았습니다. 당시 인도 대기는 무려 14개월에 달할 정도로 관련 모델은 인기를 끌었습니다. 이와 같은 샤오미의 행보는 애플과 테슬라를 묘하게 섞어 놓은 듯한 모습입니다. 우리는 모두 애플과 테슬라의 시작과 발전을 목도했습니다. 이에 향후 샤오미가 어떻게 성장해나갈지 더욱 기대하지 않을 수 없습니다.

샤오미의 주요 지표(2025년 12월 23일 기준)

샤오미(1810)			(단위: 홍콩 달러)
52주 신고가/신저가	61.45/29.60	상장 시장	홍콩
PER(주가수익비율)	27.02	시가총액	1.12조
ROE(자기자본비율)	19.86%	영업이익률	9.82%
배당률	–	순이익률	8.49%

출처: Yahoo Finance, Bloomberg

워런 버핏이 선택한 주식, BYD

지금은 많은 한국 투자자들이 BYD의 전기차를 인식하고 있지만 BYD 가 처음으로 유명해진 건 2008년 워런 버핏이 투자에 나서면서부터입 니다. 워런 버핏이 BYD의 전기차를 직접 시승해보고 바로 투자를 결정 했다고 알려질 정도로 전기차 수준이 높았지만, 당시 BYD는 배터리 기 업으로 더 유명했습니다.

BYD(1211.HK)는 1995년 배터리 회사에서 근무했던 왕촨푸(Wang Chuanfu)가 250만 위안(약 4억 원)의 자본금으로 시작했습니다. 사업 초 기 BYD는 당시 배터리 시장을 압도적으로 주도하던 일본 기업들이 중 국에서 철수하며 생긴 니켈-카드뮴(NiCd) 배터리 시장에서 입지를 넓 히며 사업을 전개했습니다. 그 후 리튬이온 배터리 시장으로 확장해 모 토로라, 산요, 소니 등 글로벌 기업에 배터리를 공급하며 성장세를 이어 갔고, 2002년 홍콩 증시에 성공적으로 상장하면서 대규모 자금을 조달하기도 했습니다. 하지만 왕촨푸 CEO는 여기에서 만족하지 않고 사업 영역을 더욱 확대하게 됩니다.

모두가 반대한 자동차 사업

배터리 시장에서 입지를 다지자 왕촨푸 CEO는 자동차 사업으로 눈을 돌렸습니다. 당시 주위에서는 자동차 사업으로의 확장을 반대하는 분위기였고, 실제로 2003년 시안의 자동차 회사를 인수하자 BYD의 주가는 급락했습니다. 왕촨푸 CEO는 경쟁사 반값의 자동차를 출시하겠다고 밝혔지만, 투자자들은 지금까지 자동차 제조 및 판매 경험이 전무한 회사에서 이와 같은 목표 달성은 무리라고 판단했던 것이죠.

　2005년 BYD는 결국 첫 번째 자동차 모델 F3를 출시한데 이어 2008년에는 세계 최초 양산형 플러그인 하이브리드 F3DM까지 출시에 성공했습니다. 이는 BYD가 배터리, 모터, 전자제어장치 등을 모두 자체 조달할 수 있기 때문에 가능했던 것이고, 바로 이 시점에 워런 버핏이 투자를 결정한 것입니다.

중국 최대 전기차 기업

중국에는 100개가 넘는 전기차 생산 기업이 경쟁하고 있습니다. BYD는 하이브리드에서 두각을 나타내며 시작했지만, 현재 중국 신에너지차 부문에서 시장점유율 32%를 달성하며 명실공히 1위로 부상했습니다.

　이와 같은 결과가 가능했던 것은 배터리부터 완성차까지 제작 가능한 수직계열화에 있습니다. BYD는 배터리, 모터, 전력 반도체 등 핵심 부품을 자체 생산함으로써 부품 조달 비용을 낮추고 기술 유출을 막았으며, 독보적인 기술력으로 원가 경쟁력과 기술력을 동시에 확보할 수 있었습니다.

BYD의 사업별 매출을 살펴보면 전기차, 전자제품 OEM, 배터리에서 각각 80%, 20%, 10%의 매출이 발생합니다. 약 20%의 매출 비중을 차지하고 있는 전자제품 OEM(Original Equipment Manufacturer, 주문자 상표 부착 생산) 경험을 바탕으로 축적한 디스플레이, 센서, 카메라 모듈 등의 기술도 자동차 제조에 접목되어 있어 그야말로 전기차 생산과 관련된 모든 분야에 직접 관여하고 있다고 할 수 있습니다. 이와 같은 경쟁력을 바탕으로 BYD는 저가부터 고가까지 전반적인 전기차 라인업을 출시하며 중국 소비자들의 선택을 받고 있습니다.

기술력으로 승부하는 BYD

BYD는 다양한 분야에서 독보적인 기술력을 확보하고 있습니다. 그중 단연 배터리 기술이 돋보입니다. BYD는 2020년 독자 개발한 리튬·인산·철 배터리인 블레이드 배터리(Blade Battery)를 발표했습니다. 블레이드 배터리는 칼날 모양의 셀을 배터리 팩에 빈틈없이 채워 넣는 방식으로 안정성과 에너지 밀도를 높인 배터리입니다.

전기차에 있어 대중들이 가장 우려하는 부분은 배터리 화재입니다. BYD의 블레이드 배터리는 전 세계적으로 가장 혹독한 안전 테스트인 네일 관통 시험을 통과해 화재나 폭발에 있어 안정성을 인정받았습니다. 뿐만 아니라 CTP(Cell-to-Pack) 기술로 모듈 없이 셀을 바로 팩에 통합해 공간 활용 극대화 및 주행거리 향상 등의 효과를 달성했습니다. 이런 자체 제작 배터리의 안정성과 효율성 입증은 BYD의 전기차 판매에도 긍정적인 영향을 미치고 있습니다.

배터리 외에도 BYD는 하이브리드 기술에서 독자적인 기술을 뽑내고 있으며, 해당 기술력을 바탕으로 중국 내 플러그인 하이브리드(PHEV) 분야에서 시장점유율 1위를 달성하기도 했습니다.

최근에는 전기차 플랫폼에서도 두각을 나타내고 있습니다. 2025년 초에는 15분만에 완충되는 전기차 충전 시스템을 발표했고, 뒤이어 God's Eye 자율주행 보조 시스템을 발표하며 그동안의 소프트웨어가 약하다는 오명을 벗었습니다. 이처럼 BYD는 독보적인 기술력을 바탕으로 배터리, 전기차 분야에서 기술 혁신형 기업으로 발전하고 있습니다.

중국 내수 강자를 벗어나 글로벌 개척자로

BYD의 지역별 매출 비중은 중국이 74%, 해외가 26%로 여전히 중국 내 매출이 대부분을 차지하고 있습니다. 하지만 적은 해외 매출 비중만으로도 테슬라를 위협할 정도로 빠르게 해외 시장이 확대되고 있습니다.

BYD의 해외 매출 중 약 30%가 브라질에서 발생하고 있고 태국, 호주, 이스라엘, 인도네시아 등에서도 적극적으로 판매하고 있습니다. 2024년 영국, 스페인, 포르투갈 등 일부 유럽 국가에서 테슬라를 제치고 월간 판매 1위를 차지하기도 했는데, 2025년 일론 머스크의 정치적 행보로 유럽 내 테슬라 판매가 감소한 이후 더 굳어지는 모습입니다.

다만 미국과 중국의 무역 경쟁으로 북미 지역에서는 판매가 미미한 상황이지만, 해외 생산기지 확대 등의 현지화 전략을 통해 북미 지역으로의 진출을 꾀하고 있습니다. 2025년에는 우리나라에도 진출하며 활발한 글로벌 진출 행보를 보여주고 있습니다.

테슬라 vs BYD

BYD의 경쟁 기업으로 가장 먼저 떠오르는 회사는 테슬라입니다. 두 회사는 현재 글로벌 전기차 판매 1, 2위를 다투는 주요 경쟁자라고 할 수 있는데요. 2024년 기준으로 BYD가 전기차(순수전기차, 플러그인 하이브리드)를 427만 대 판매하며 테슬라의 179만 대를 넘어섰습니다. 매출도 BYD가 약 1,070억 달러로 테슬라의 977억 달러보다 높았습니다.

다만 기술적인 측면에서는 각기 다른 분야에 강점을 보유하고 있습니다. 테슬라는 FSD 자율주행과 OTA 업데이트, 배터리 관리 알고리즘 등 소프트웨어에서 강점을 보유하고 있고, BYD는 배터리 기술과 부품 자체 생산 능력 등 하드웨어에서 강점을 지니고 있습니다.

혁신과 미래 비전 부문에서는 테슬라가 BYD를 월등히 앞서고 있다고 볼 수 있지만, 실질적으로 숫자가 찍히는 제조 과정과 원가 절감에서는 BYD가 우위를 점하고 있는 셈입니다. 비록 테슬라와 BYD는 사업적인 면에서 전기차라는 공통 분야를 영위하고 있어 경쟁자로 대두되지만, 테슬라는 자율주행, 옵티머스 등 미래의 가능성으로 평가받고 BYD는 현실적인 전기차 시장의 점유율과 실적으로 평가받는다는 점에 있어

BYD의 주요 지표(2025년 12월 23일 기준)

BYD(1211)			(단위: 홍콩 달러)
52주 신고가/신저가	158.867/81.80	상장 시장	홍콩
PER(주가수익비율)	63.96	시가총액	8,980억
ROE(자기자본비율)	18.53%	영업이익률	6.42%
배당률	1.47%	순이익률	2.85%

출처: Yahoo Finance, Bloomberg

완벽한 경쟁자라고 보기는 어렵습니다. 하지만 현재의 상황에서 볼 때 테슬라가 불을 지핀 전기차 시장에서 대중적으로 꽃을 피운 것은 BYD 가 확실해 보입니다.

중국판 그루폰에서 음식 배달 1위로, 메이투안

중국 최대 음식 배달 앱으로 유명한 메이투안(3690.HK)은 2010년 미국의 그루폰(Groupon)을 모방한 소셜커머스로 시작했습니다. 소셜커머스는 정해진 시간 내에 일정 인원 이상이 구매하면 할인된 가격으로 상품을 구매할 수 있게 해주는 공동구매 개념의 서비스입니다. 그루폰이 2008년 소셜커머스를 처음으로 시작해 성공적으로 안착하며 전 세계적으로 확산된 개념입니다. 그루폰은 꽤 많은 국가에 진출했지만 한국, 중국 등 지역 특성이 강한 곳에서는 생존하지 못했습니다. 이에 2010~2011년 사이 중국에서는 한때 그루폰을 모방한 사이트가 5,000개 이상이 될 정도로 우후죽순으로 생겨났습니다. 당시 과다경쟁으로 대부분의 기업들이 출혈경쟁을 벌이고 있었는데, 메이투안의 왕싱(Wang Xing) CEO는 고객 만족에 집중하며 서비스 품질과 IT 시스템에 집중적으로 투자했습니다. 이와 같은 투자로 3년간의 피튀기는 경쟁 끝에

그림 3 메이투안의 배달 라이더

출처: https://www.yicaiglobal.com/news/chinese-takeout-giant-meituan-
denies-25-of-delivery-staff-have-college-or-higher-degrees

2013년 하루 1억 위안(약 190억 원)의 매출을 올릴 정도로 급성장하며 경
쟁자들 사이에서 우뚝 섰습니다.

소셜커머스 유행이 시들해질즈음 메이투안은 식당 리뷰 및 쿠폰 서비
스로 유명했던 따종디엔핑(Da Zhong Dian Ping)을 인수하며 현재 우리가
알고 있는 메이투안의 기틀을 마련했습니다. 지금은 음식 배달의 매출
비중이 60%가 넘어갈 정도로 주요 사업으로 자리 잡으며 사세를 확장
중에 있습니다.

피 튀기는 전쟁터의 생존자

메이투안이 지금의 자리까지 오는 길은 순탄하지 않았습니다. 메이투안
은 한때 중국의 익스피디아로 불릴 정도로 호텔·여행 예약 서비스 사업
에서 큰 성장세를 이루었습니다. 해당 사업은 2020년 매출의 20%를 차

지했고, 메이투안의 모든 사업 중 가장 높은 영업이익률을 보였을 정도로 효자 사업이었죠. 하지만 2020년 전 세계적인 코로나19 팬데믹으로 여행 수요가 급감하며 해당 사업부는 적자로 돌아섰습니다.

하나의 문이 닫히면 다른 하나의 문이 열린다고 했던가요. 2020년 팬데믹 초기 강력한 도시 봉쇄가 시행되며 급감했던 음식 배달 수요는 봉쇄가 완화되자 비대면 음식 배달 수요 폭증으로 돌아왔습니다. 당시 중국인들 사이에서는 "메이투안이 없었으면 어쩔 뻔했냐"라는 말이 나올 정도로 필수 앱으로 자리 잡게 되었습니다.

하지만 음식 배달 산업에도 아주 큰 경쟁자가 있었습니다. 알리바바

Tip 중국 내 가장 운 없는 창업자

메이투안의 지분 약 10%를 보유하고 있는 왕싱 CEO는 중국 내 성공한 사업가 중 한 명으로 주목받고 있지만, 한때는 사업마다 망해 중국 내에서 가장 운 없는 창업자로 불리기도 했습니다. 왕싱은 2004년 친구들과 함께 초기 SNS인 프렌드스터(Friendster)를 모방한 두어두어요우(多多友)를 창업했지만 실패했고, 2005년에는 페이스북을 모방한 시아오네이왕(校内网)을 창업해 중국 내 대학에서 사용할 수 있는 SNS로 성장했지만, 자금 부족으로 1년 만에 사업을 매각했습니다. 2007년에는 트위터를 모방한 판포우(饭否)를 창업해 몇 년 만에 수백만 명의 이용자를 모으며 성공하는 듯했지만, 2009년 우루무치 유혈 사태 관련 루머가 SNS에 퍼지면서 정부의 규제로 다시 한 번 좌절했습니다.

업계 경쟁자들은 왕싱 CEO를 '혁신을 모르는 복사왕'이라 비아냥거렸지만, 왕싱은 "스티브 잡스도 남의 혁신을 모방했다"라며 굳은 뚝심을 보여주었습니다. 2004년부터 이어진 일련의 실패에서 볼 수 있듯이, 왕싱은 매번 실패하기는 했지만 이전보다 나아지는 모습을 보였습니다. 초기 스타트업 투자에 있어서 가장 중요한 것은 CEO라고 흔히들 말합니다. 이와 같은 꺾이지 않는 의지와 도전정신이 왕싱을 지금의 자리에 있게 만들었다고 할 수 있을 것입니다.

산하의 어러머(Ele.me)입니다. 어러머는 당시 중국에서 가장 크고 유망했던 알리바바의 지원을 받고 있었기 때문에 보조금을 받아 할인, 쿠폰 제공 등 엄청난 출혈경쟁을 벌이며 메이투안의 숨통을 죄고 들어왔습니다. 하지만 어러머는 가장 중요한 식당 네트워크 구축과 고객 경험 면에서 메이투안에 뒤처지며, 메뉴는 비슷하지만 맛은 메이투안이 낫다는 평을 받게 되었습니다. 수익 면에서도 메이투안이 압도적인 주문량을 바탕으로 흑자로 전환한 반면 어러머는 아직 적자를 면하지 못하고 있습니다.

이와 같이 주요 사업의 변경, 끊임없는 경쟁 등을 겪고 메이투안은 중국 음식 배달 산업 시장점유율 70%의 거대 공룡으로 자리매김하게 되었습니다.

다시 불붙은 음식 배달 경쟁

2023년 중국의 도시 봉쇄가 해제되고 국내 여행이 조금씩 회복되자 메이투안의 주가는 2024년 한 해 200%가 넘는 상승률을 보였습니다. 2025년 홍콩 기술주의 동반 상승으로 한때 메이투안 주가도 상승했지만 최근에는 새로운 경쟁이 시작되었습니다.

2025년 2월 중국 대형 플랫폼 기업 중 하나인 JD.com이 음식 배달 산업 진출을 발표한 것입니다. JD.com의 배달 라이더 고용 조건 보장과 공격적인 마케팅으로 진출 초반 메이투안은 하루 5천만 위안(약 90억 원)이 넘는 손실을 기록하기도 했습니다. 자연스레 메이투안과 어러머 등도 출혈경쟁에 뛰어들었고, 이는 각 기업의 무료 쿠폰 공세와 그에 따른 주문 폭주, 가맹점 직원들의 고된 노동 강도 등 부작용으로 이어졌습니다.

경쟁을 뚫고 다시 업계 1위로

이와 같은 출혈경쟁으로 인해 메이투안의 주가는 부진한 모습을 보이고 있습니다. 하지만 중국 내 음식 배달 시장점유율 70%를 차지해 압도적인 주문량을 보유하고 있는 메이투안은 어러머와의 경쟁에서 그렇듯 이번 경쟁도 이겨낼 것으로 예상합니다.

알리바바와 JD.com은 음식 배달이 부가 사업인 반면 메이투안은 음식 배달 사업에 집중된 투자를 하고 있기 때문입니다. AI, 로봇, 알고리즘 등 다양한 투자를 통해 음식 배달의 효율성과 고객 경험 증대에 기여하고 있습니다. 2022년에는 자율주행 배달 로봇 시험모델을 선보이기도 했고, AI 기반 최적화 알고리즘을 통해 700만 명에 달하는 배달 라이더와 가맹점을 실시간 효율적으로 매칭시키고 있습니다. 또한 배달 라이더에게 AI를 통한 최적의 배정 및 경로를 안내하는 디스패치 시스템도 개발했습니다. 이 시스템에만 20~30억 위안을 투자했는데 경쟁자 대비 3년은 앞선 효율성을 보여준다는 평가입니다.

결과적으로 메이투안은 지속적인 투자와 개발로 배달 라이더와 고객 모두를 만족시키는 서비스를 제공하며 다시 한 번 업계 1위 자리를 수

표 3 메이투안의 사업 부문별 매출액(2022년)

사업 부문	2022년 매출	매출 비중
음식 배달	약 1,283억 위안	65%
호텔·여행 예약	약 395억 위안	20%
커뮤니티 서비스	약 197억 위안	10%
기타	약 102억 위안	5%

출처: Meituan IR 자료

메이투안의 주요 지표(2025년 12월 23일 기준)

메이투안(3690)			(단위: 홍콩 달러)
52주 신고가/신저가	189.6/94.05	상장 시장	홍콩
PER(주가수익비율)	19.84	시가총액	6,253억
ROE(자기자본비율)	–	영업이익률	–
배당률	–	순이익률	–

출처: Yahoo Finance, Bloomberg

성할 것으로 예상됩니다. 이런 면에서 봤을 때 지금의 주가 부진은 투자자들에게는 좋은 매수 기회가 되지 않을까 전망해볼 수 있습니다.

뱀이 코끼리를 삼키다,
레노버

2005년 중국 기업 레노버(992.HK)의 글로벌 기업 IBM의 PC 사업부 인수 뉴스를 기억할 겁니다. 당시 중국 토종 PC 기업들은 글로벌 시장에서 두각을 나타내지 못하고 있었는데, 레노버가 IBM의 PC 사업부를 인수하며 일거에 전 세계적인 이슈가 되었죠. 일각에서는 IBM의 PC 사업부는 이미 단물 빠진 사업부라며 회의적인 시선을 보내기도 했지만, 해당 인수는 레노버의 운명을 바꾸는 중대한 결정이었습니다.

인수 조건에는 인수 후 5년간 IBM의 상표를 사용할 수 있다는 조항이 있었는데, 레노버는 이를 적극적으로 활용해 단숨에 글로벌 PC 제조사 3위로 진입했습니다. 이는 인수를 통해 IBM의 ThinkPad 브랜드와 세계적인 유통망, 기술 인력을 모두 확보할 수 있었기 때문입니다. 또한 2013년에는 HP와 Dell을 제치고 전 세계 PC 시장점유율 1위를 차지하며 회의론자들을 잠재웠습니다.

팬데믹 특수의 명과 암

2020년 레노버에게 큰 기회가 찾아왔습니다. 코로나19 팬데믹으로 전 세계가 멈춰버린 것입니다. 이에 회사, 학교 할 것 없이 비대면이 확대되면서 PC 수요가 폭증했습니다. 이 시기 레노버도 2022년 기준 매출 716억 달러, 순이익 21억 달러라는 사상 최대의 실적을 달성했습니다. 여기에 더해 레노버 주가도 2020년 약 40%, 2021년에는 20% 이상 상승했죠. 팬데믹 당시 시중에 노트북이 없어서 구매하지 못했을 정도였습니다. 아마 현 시점에서 당시 구입했던 노트북을 아직 사용하는 사람이 많을 텐데요. 이는 미래의 수요를 앞당겨 썼다는 것으로 향후 상당 기간 동안 PC, 노트북에 대한 수요는 줄어들 수 있다는 것을 의미합니다. 아니나 다를까 팬데믹이 완화되고 비대면 수요가 약화되자 레노버의 실적에도 타격이 오기 시작했습니다. 2023년 기준으로 매출은 약 13% 하락한 619억 달러, 순이익도 20%가량 하락한 16억 달러를 기록한 것이죠. 팬데믹 기간 미래의 수요를 너무 강하게 당겨 사용하다 보니 하락세는 2024년까지 이어졌고, 매출은 568억 달러까지 하락했으며, 순이익은 10억 달러로 사실상 반토막이 나고 말았습니다.

다행인 것은 2025년 들어 윈도11 교체로 서서히 수요가 증가하면서 레노버의 실적도 점차 개선되는 모습을 보이고 있습니다. 코로나19 팬데믹은 레노버를 전 세계적으로 알리고 최대 실적을 낼 수 있도록 도와주었지만, 반대로 수요가 급감하는 롤러코스터 실적을 경험하게 해 명과 암이 명확하게 나타났습니다. 또한 PC 위주의 집중화된 사업을 다각화해야 할 필요성이 대두되며 현재는 안정적인 PC 사업을 넘어 사업 다각화에 집중하고 있습니다.

PC 시장을 등에 업고 AI 시대 강자로

지금 레노버는 오랜 기간 축적된 하드웨어 설계 및 제조 노하우를 바탕으로 AI 시대의 핵심 사업으로 그 영역을 확장하고 있습니다. 서버 및 인프라 기술 측면에서 놀랄 만큼 빠른 경쟁력 확보를 보여주었을 뿐만 아니라 고성능컴퓨팅(HPC) 분야에서는 상위권 공급 기업으로 기록되기도 했죠. 이는 레노버의 차별화된 넵튠(Neptune) 액체 냉각 기술에 기인합니다. AI 시대에 접어들면서 데이터센터 내 과열화 문제가 대두됐는데, 이를 액체 냉각 시스템으로 해결한 것입니다. 레노버의 넵튠 액체 냉각 기술이 업계 최고 수준으로 평가받으며 많은 고객을 유치한 것이죠.

2023년에는 세계 최초로 AI PC를 선보이기도 했습니다. 개인용 AI 에이전트를 탑재해 사용자의 음성, 필체 등을 인식하고 클라우드와 연동되는 차세대 PC였습니다. 당시 기본적인 AI 연산은 PC에서 자체 처리하고, 무거운 연산은 클라우드 및 데이터센터에서 처리하는 분산형 AI 아키텍처를 사용한 첫 PC로 세상을 놀라게 했습니다.

또한 서비스형 데스크톱(Desktop as a Service, DaaS) 시장으로 사업 영역을 확대하며 IT 서비스 및 솔루션 영역으로도 빠르게 성장하고 있습

표 4 레노버의 사업 영역

사업 부문	주요 영역	2022~23년 매출 비중
Intelligent Devices Group(IDG)	PC, 노트북, 태블릿, 스마트폰 등	약 75%(매출의 대부분)
Infrastructure Solutions Group(ISG)	서버, 스토리지, 네트워크 장비	약 15%(고속 성장 중)
Solutions & Services Group(SSG)	IT 서비스, 솔루션, DaaS 등	약 10%(고수익 엔진)

출처: Lenovo IR 자료

니다. 그 결과 레노버는 전체 인원 중 25% 이상이 R&D 인력일 정도로 사업 확장에 진심입니다. 이처럼 레노버는 글로벌 PC 시장 1위에 안주하지 않고 AI 시대에 맞춰 새로운 사업으로 꾸준히 그 영역을 확장하고 있어 향후 지속적으로 주목받을 기업으로 평가받고 있습니다.

미중 패권 경쟁을 넘어 다시 한 번 세계로

2018년 트럼프 대통령의 중국 관세 부과로 많은 중국 기업들이 주가 하락과 실적 감소를 겪었습니다. 당시 레노버도 PC 및 서버의 미국 수출 비용 증가를 겪으며 대응책으로 생산라인을 멕시코, 헝가리 등으로 다양화했습니다.

바이든 정부가 들어서면서 미국의 대중국 무역 규제는 어느 정도 안정화되는 것처럼 보였지만, 반도체 수출 규제를 통해 미중 패권 경쟁은 계속되었습니다. 이에 레노버도 CPU, GPU 수급에 차질을 겪었고, 규제 범위에 들지 않는 CPU, GPU 또는 국산화로 대응하고 있습니다.

미중 패권 경쟁의 반대 급부 수혜를 받은 부분도 분명 있습니다. 2022년 중국 내 중앙 부처의 외국산 PC 퇴출 지시가 떨어지자 HP와 Dell의

레노버의 주요 지표(2025년 12월 23일 기준)

레노버(992)			(단위: 홍콩 달러)
52주 신고가/신저가	13.6/6.57	상장 시장	홍콩
PER(주가수익비율)	10.32	시가총액	1,230억
ROE(자기자본비율)	25.67%	영업이익률	3.14%
배당률	4.02%	순이익률	2.17%

출처: Yahoo Finance, Bloomberg

빈자리를 레노버가 채우기도 했고, 중국 정부의 '제조업 2025' 정책하에서는 세제 혜택 및 R&D 보조금을 받기도 했습니다.

레노버는 미중 패권 경쟁으로 인한 부침을 겪은 기업이라고 할 수 있습니다. 다만 생산라인의 중국 외 지역 다양화를 통해 현재는 상당 부분 리스크에서 벗어났고, 트럼프 정부의 엔비디아 H20 반도체 대중국 수출 규제 완화, 화웨이 자체 칩 개발 등 반도체 칩 수급도 안정화를 찾아가고 있습니다. 여기에 중국 정부의 지원까지 더해지면서 향후 미중 패권 경쟁에서 중립을 지키며 지속적으로 성장할 수 있는 기업이라고 할 수 있습니다.

미국과 중국의
기축통화 전쟁

미국의 달러는 제2차 세계대전 이후 국제 통화 질서를 이끌 핵심 축으로 자리매김하며 부상했습니다. 전후 미국의 경제력과 금 태환을 바탕으로 한 달러 중심의 브레튼우즈 체제가 출범하였고, 달러는 영국 파운드화를 대체하며 세계의 기축통화가 되었습니다. 1971년 미국이 금 태환을 중단하면서 달러 패권이 흔들리는 것 같았지만 중동이 석유를 달러로 거래하면서 일명 페트로 달러 체제로의 전환으로 달러 패권은 유지됩니다. 이후에도 미국 달러의 기축통화 역할은 이어지고 있지만 핵심은 '전 세계적인 통용'과 '안정성'에 있다고 할 수 있습니다.

한편 중국의 위안화는 급속한 경제성장과 함께 국제무대에 갑작스럽게 등장했습니다. 세계 2위의 경제대국으로 성장한 중국은 미국이 달러를 기축통화로 만들고 패권을 유지하며 전 세계에 영향력을 펼친 것과 같이 위안화 국제화를 위해 분분히 노력하고 있습니다.

위안화 국제화의 계기가 된 것은 2008년의 글로벌 금융위기였습니다. 당시 미국을 비롯한 세계 경제가 위기를 겪으며 중국의 과도한 달러 의존성이 리스크로 부각되었습니다. 또한 미국의 체력이 상당히 약해진 상황이기도 했기에 중국 정부는 위안화의 국제화를 적극적으로 추진했습니다. 2009년 홍콩에서 출발한 위안화 무역결제 시범사업을 시작으로 런던 및 싱가포르에서 위안화 역외시장을 개설해 다수의 국가와 통화스와프 협정을 체결하는 등 국제화의 기반을 다졌습니다. 2016년에는 위안화가 IMF 특별인출권(SDR) 통화 바스켓에 편입되면서 최초로 기축통화의 반열에 올라섰지만, 이후 중국의 경기 둔화와 미국의 제재가 시작되면서 위안화의 국제화는 정체되고 있는 상황입니다.

대부분의 전문가들은 지금으로서는 상당 기간 달러의 기축통화 패권이 이어질 것으로 예상하고 있지만, 디지털화폐 시장의 급부상으로 미국과 중국의 기축통화 유지 및 쟁탈을 위한 경쟁은 지속될 것으로 전망하고 있습니다.

미중 스테이블코인 전쟁

2025년 가장 주목받았던 뉴스 중 하나는 단연 미국의 스테이블코인 혁신법(GENIUS Act)을 비롯한 가상화폐 관련 3법의 통과일 것입니다. 많은 투자자가 AI 테마에 버금갈 정도로 향후 증시 상승을 이끌 큰 테마 중 하나로 스테이블코인을 꼽을 정도였죠. 트럼프 대통령은 취임 직후부터 미국을 세계 가상화폐의 수도로 만들겠다며 이 3법을 강하게 밀어붙였습니다. 이와 같이 미국이 강력하게 스테이블코인을 지지하는 것은 달러의 패권 전략과도 맞물려 있습니다.

달러 패권 유지의 핵심, 스테이블코인

미국은 자칫 흔들릴 수 있는 달러 패권 유지의 키(Key)로 스테이블코인을 인식하고 그에 따라 정책 방향을 설정하고 있습니다. 2025년 통과된 가상화폐 관련 3법은 이 같은 정책 방향을 확실하게 보여주고 있습니다.

해당 3법은 미국 연방정부 차원에서 시행된 최초의 스테이블코인 규제 프레임워크로 100% 준비자산 보유, 매월 준비금 내역 공개, 소비자 자산 보호, 자금세탁방지 준수 등을 의무화하며 그동안 음지에 있던 스테이블코인을 양지로 끌어냈습니다. 또한 미국은 전 세계적인 중앙은행 디지털화폐(CBDC) 전환 움직임과는 다르게 민간 주도의 달러 스테이블코인 발행을 통해 디지털 통화 패권을 이어나가려는 전략을 펼치고 있습니다.

전 세계적으로 볼 때 달러 스테이블코인의 글로벌 확산 가능성은 상당히 높아 보입니다. 이미 달러 스테이블코인은 은행 계좌 없이 스마트폰만 있으면 누구가 쉽게 거래할 수 있는 사실상의 국제 통화 기능을 상당 부분 수행하고 있습니다. 통계에 따르면 2024년 스테이블코인을 통

Tip 스테이블코인이란?

스테이블코인(Stable Coin)은 달러 또는 국채와 연동되어 안정성을 유지하면서 블록체인 기반의 즉시 결제와 낮은 비용의 송금을 가능하게 해주는 수단입니다. 그 시작은 가상화폐를 거래하기 위한 일종의 카지노칩 역할이었습니다.

가상화폐 시장의 부흥으로 전 세계적으로 수많은 거래소와 코인이 탄생했습니다. 이에 거래소 간의 시세차이도 발생했고, 수많은 투자자가 다양한 거래소를 통해 가상화폐를 매매했습니다. 다만 거래소 간 이동에 있어 매번 자국 통화로 환전한 후 송금하는 것은 매우 어려운 일입니다. 이에 거래소 간 이동과 코인끼리의 매매가 용이한 일종의 카지노칩에 대한 필요성이 대두되었습니다. 이러한 카지노칩은 가치의 변동이 심하면 안 되겠죠. 이에 달러 또는 미국 국채와 일대일로 연동되는 스테이블코인이 탄생한 것입니다. 이런 태생적인 원인으로 스테이블코인은 '송금의 용이성'과 '미국 달러 또는 국채 매입의 주체'라는 두 가지 특징을 갖게 되었습니다.

한 송금 규모는 이미 27조 6,000억 달러에 달하며, 이는 비자와 마스터 카드의 1년 결제액을 합친 것을 넘어섰습니다.

극단적인 예로 인플레이션이 극심한 국가에서는 가치가 불안정한 자국 통화 대신 달러 스테이블코인이 가치 저장 수단으로 쓰일 가능성이 높습니다. 또한 이미 전 세계 수많은 수출입 업자가 은행 송금망을 통하지 않고 스테이블코인으로 직접 결제하는 사례가 늘고 있습니다. 과거 달러가 원유 결제에 사용되며 패권을 잡을 수 있었던 것처럼 다시 한 번 패권을 잡을 수 있는 좋은 상황이 된 것이죠.

모든 사용자의 수요가 맞아떨어지는 스테이블코인

최근 미국이 재정의 덫에 빠져 있다는 말을 많이 듣습니다. 이는 미국의 부채 규모가 연일 사상 최고치를 경신하고 있기 때문입니다. 2025년 7월 기준 미국 연방정부의 총부채 규모는 약 36조 2,000억 달러로 미국 GDP의 약 120% 수준입니다. 이는 제2차 세계대전 종전 직후인 1946년의 119%를 넘어서는 역사상 최고 수준입니다. 코로나19 팬데믹 기간 동안 이어진 재정 부양으로 2020년 한때 126%까지 치솟았지만, 이후 GDP 성장에 힘입어 다소 낮아진 수치가 그 정도인 것입니다. 수치만 놓고 보면 실감이 안 되는데, 코로나19 팬데믹 이전인 2019년에는 105%였고 1980년부터 2000년대 초중빈까지는 50~60%에 불과했기 때문에 현재는 엄청난 수치라고 할 수 있습니다. 미국은 항상 부채가 높았던 국가이고 GDP 성장률이 잘 유지됐기 때문에 괜찮다고 생각할 수 있지만 앞으로가 진짜 문제입니다.

미국 주식에 투자하는 투자자라면 잘 알고 있겠지만 미국은 주기적으로 부채한도 협상 때문에 증시가 출렁이곤 합니다. 가깝게는 2025년 1월 협상이 그랬고, 멀게는 2011년 오바마 대통령 집권 시기에도 비슷한 사례가 있었습니다. 최근 통과된 'One Big Beautiful Bill Act(OBBBA, 하나의 크고 아름다운 법안)'는 부채 한도를 5조 달러 올려 총 41조 1,000억 달러로 확대해 향후 1~2년간은 추가 한도 분쟁 없이 국채 발행을 가능하게 해준 법안입니다. 일각에서는 해당 법안 통과로 향후 10년간 부채 규모가 추가로 3조 4,000억 달러 늘어날 것으로 예상하는 등 논란이 많았습니다. 2025년 상반기에는 추가적인 국채 발행이 거의 없었기 때문에 하반기 본격적으로 많은 양의 국채 발행이 진행됐습니다. 3분기 약 1조 달러, 4분기에는 6,000억 달러 가까이 발행된 것으로 보여 하반기에만 총 1조 6,000억 달러 규모의 국채가 발행된 것으로 추정됩니다.

국채 발행에 있어 가장 중요한 것은 국채를 누가 사주는가입니다. 과거에는 중국과 일본이 상당히 많은 양의 국채를 매입해 미국 국채 보유국 상위를 기록했습니다. 그런데 이 두 주체가 최근 미국 국채에 대한 매입을 과거만큼 하지 못하고 있으며, 중국은 미중 관계가 소원해지며 미국 국채 매입을 중단한 상태입니다. 물론 미국 국채를 대신할 수단이 전무하기 때문에 미국 국채를 급격하게 매도하지는 않겠지만 신규 국채 발행에 대한 새로운 구매자가 필요한 상황입니다.

바로 이 부분이 미국 정부와 스테이블코인의 수요가 맞아떨어지는 부분입니다. 미국은 2025년 하반기 단기채 발행이 시급한 상황인데, 스테이블코인이 주로 담보로 사용하는 미국 국채는 단기채이기 때문입니다. 이에 미국의 가상화폐 관련 3법 통과로 스테이블코인의 발행이 증가하면서 미국 국채 발행이 수월해지는 효과가 기대되는 것입니다.

그림 4 스테이블코인의 거래량 추이

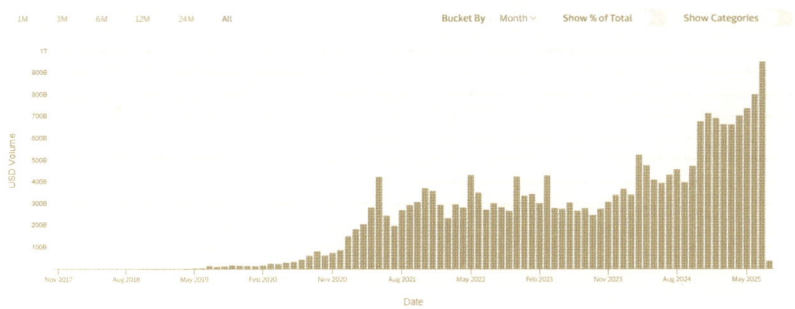

출처: https://visaonchainanalytics.com/transactions

그렇다면 스테이블코인이 많이 발행될 것인가도 관건입니다. 가상화폐 관련 3법이 통과됐다고 해서 발행이 많아지는 것은 아니겠죠. 그런데 해당 법안 통과와 비슷한 시점에 이미 아마존, 월마트, 뱅크오브아메리카 등 다양한 산업 주체가 자체 스테이블코인을 발행하겠다고 발표했습니다. 이는 각 주체에서도 분명한 수요가 있다는 것을 보여주는 것일 겁니다. 예를 들어 월마트는 비자, 마스터카드 등 신용카드 사에 1% 이상의 수수료를 지불하고 있는데 이 부분을 스테이블코인으로 대체해 수수료만 아껴도 단기적으로 엄청난 순이익 증가가 발생할 것이고, 월마트 고객 입장에서는 카드 수수료의 일정 부분만 리워드 형식으로 돌려받아도 월마트를 찾을 이유가 충분할 것입니다.

이처럼 정부, 민간, 사용자 각각의 모든 수요가 맞아떨어지며 스테이블코인의 발행과 사용이 급증할 것으로 보이며, 향후 AI 테마에 버금가는 투자의 큰 축 중 하나가 될 것으로 예상할 수 있습니다.

중국은 디지털 위안화로 대응

스테이블코인 시대의 개막과 함께 중국은 어떻게 준비하고 있을까요? 중국은 미국과는 사뭇 다른 전략으로 접근하고 있습니다. 중국은 2017년 중국 내 암호화폐 거래를 사실상 금지하고 자본유출 가능성이 있는 민간 발행 스테이블코인도 금지한 상황입니다. 대신 중앙은행인 인민은행을 중심으로 '디지털 위안화'라는 중앙은행 디지털화폐(CBDC) 모델에 집중하고 있습니다. 2020년 선전, 쑤저우 등 시범 운영 지역에서 이미 디지털 위안화를 결제에 활용하고 있고, 아시아 및 중동 국가 일부와 mBridge 프로젝트라는 다국간 CBDC 결제 시험을 진행한 바 있습니다. 그동안 중국 정부의 디지털 위안화 개발 및 시행이 다소 느렸었는데, 미국의 가상화폐 관련 3법 통과로 이후 더 빠르게 진행될 것으로 예상됩니다.

가상화폐가 금지된 중국 내에서는 디지털 위안화를 보급하는 반면, 홍콩에서는 스테이블코인 발행에 박차를 가하고 있습니다. 2025년 5월 홍콩 입법회에서는 스테이블코인 전용법(Stablecoin Ordinance)을 통과시키고 8월 1일부터 시행에 들어갔습니다. 스테이블코인 발행 관련 홍콩 금융관리국의 라이선스 취득, 보유자산 및 상황의무를 규정하는 등 미국의 가상화폐 관련 3법과 유사한 모습을 보이지만 좀 더 엄격한 관리기준을 들이대고 있습니다. 스탠다드차타드 은행의 경우 이미 핀테크 기업과 합작으로 홍콩 달러 연동 스테이블코인 발행을 추진하고 있습니다. 향후 홍콩 현지 사용과 국제 송금을 주로 담당할 예정인데 은행 결제망과 블록체인 기술의 결합이라는 의미에서 주목할 만한 움직임입니다. 또한 홍콩 달러는 미국 달러에 연동되어 있기 때문에 홍콩 달러 스테이블코인은 달러 스테이블코인과 유사한 효과를 낼 수 있다는 큰 장점이 있어 아시아에서 수요가 클 것으로 기대됩니다.

이와 같이 중국은 본토와 홍콩에서 각각 다른 방식으로 디지털화폐에 접근하고 있습니다. 중국은 홍콩이란 좋은 테스트베드 시장을 보유하고 있기 때문에, 향후 홍콩 달러 연동 스테이블코인이 안정되면 이 노하우를 바탕으로 위안화 연동 스테이블코인 발행 또는 디지털 위안화 연동 등의 가능성도 있을 것으로 예상됩니다.

미국 최초 상장 암호화폐 거래소, 코인베이스

코인베이스(Coinbase, COIN.US)는 2012년 비트코인에 매료된 에어비앤비 개발자 출신 브라이언 암스트롱(Brian Amstrong)과 골드만삭스 트레이더 출신 프레드 어삼(Fred Ehrsam)이 15만 달러를 투자받아 창업한 기업입니다. 당시 암호화폐 거래를 위해서는 지갑 설정이나 키 관리 등 복잡한 과정을 거쳐야 했는데, 코인베이스를 통해서는 은행 연계로 쉽게 거래할 수 있게 되면서 미국 내에서 빠르게 성장했습니다.

코인베이스는 미국 내 암호화폐 대중화의 선봉에 있다고 할 수 있으며, 많은 미국 사용자들이 코인베이스를 처음 생긴 암호화폐 거래소로 인식할 정도였습니다. 이후 비트코인 가격의 급등 등 암호화폐 시장의 급성장으로 안정적인 수익을 기록하며 2021년 4월 나스닥에 상장해 미국 최초의 상장 암호화폐 거래소가 되었습니다.

암호화폐와 같이한 흥망성쇠

코인베이스 사업 초기 매출 대부분은 개인투자자의 암호화폐 거래 수수료에서 발생했습니다. 그만큼 암호화폐 가격의 변동과 매출이 밀접한 관계를 맺고 있었다고 할 수 있는데요. 2020년 후반부터 들썩이던 암호화폐 시장이 2021년 광풍을 일으키며 상승하자 거래량이 폭증하며 코인베이스의 매출도 급증했고, 이에 2021년 78억 달러라는 사상 최대 매출을 달성했습니다. 그러나 2022년부터 암호화폐 시장은 급락을 겪습니다. 당연히 코인베이스의 매출도 32억 달러로 급락하면서 적자로 돌아섰죠. 2021년 최고의 전성기에 상장하며 340달러 이상까지 치솟았던 주가도 10분의 1로 하락하는 굴욕을 겪어야 했습니다.

암호화폐 거래량에 따른 수익원에 한계를 느낀 브라이언 암스트롱 CEO는 일회성이 아닌 반복적이고 안정적인 수익원을 만들기 위해 노력

그림 5 비트코인의 높은 변동성

출처: www.statista.com/chart/18668/value-of-bitcoin-over-one-year/?srsltid=AfmBO
oqnlJ0csoanfsv_YTK4Es-c-0Wa39W9JfPSTIdNyNH7MYykX3GB

했습니다. 가장 단편적인 예가 구독 및 서비스 사업입니다. 구독 및 서비스 사업에서 가장 먼저 시작한 것은 코인베이스 원(Coinbase One)이라는 월 구독제 모델입니다. 코인베이스 원은 월 29.9달러로 거래수수료 무료, 강화된 스테이킹 보상 등을 받는 서비스입니다.

또한 2023년 버뮤다에 베이스 인터내셔널 거래소를 설립하고 미국 외 이용자들에게 파생상품 거래 서비스를 시작함으로써 많은 기관투자자의 참여와 대규모 거래금액을 끌어들였으며, 2024년부터 본격화된 가상 자산 ETF 시장 확대의 수혜도 받고 있습니다. 코인베이스는 미국 비트코인 및 이더리움 실물 ETF 자산의 80% 이상을 수탁하고 있는데, 그 규모는 무려 2,457억 달러에 달합니다. 이로 인해 수탁 수수료뿐 아니라 정식 수탁사로 인정받으며 안정성도 높아지고 있습니다. 코인베이스가 시작한 구독 및 서비스 사업은 2021년 당시 없었던 비즈니스였지만, 현재는 매출의 35% 이상을 차지할 정도로 성장해 사업 다각화에 성공한 것입니다.

스테이블코인으로 열린 신세계

2025년 미국에서 가상화폐 관련 3법이 통과되며 코인베이스에게 새로운 기회가 열렸습니다. 코인베이스는 2018년부터 달러 스테이블코인 USDC 발행사인 서클(Circle, CRCL)과 파트너십을 맺고 USDC 발행을 함께 해왔습니다. 2023년에는 규제상 문제가 없는 명확한 관계를 위해 서클의 지분도 일부 인수할 정도로 밀접한 관계가 되었죠.

코인베이스는 서클의 USDC 발행을 함께하는 대신 USDC에서 발생하는 담보 국채의 이자수익을 공유합니다. 코인베이스에서 거래되는

USDC의 이자수익은 100%, 코인베이스 외 거래소에서 거래되는 USDC의 이자수익은 50%를 공유하기 때문에 향후 달러 스테이블코인 시장이 확대되어 USDC의 발행량이 증가할수록 코인베이스의 관련 수익도 동반 증가할 예정입니다.

또한 코인베이스와 USDC는 규제를 잘 준수하는 것으로 유명합니다. 2025년 통과된 스테이블코인 혁신법이 USDC를 밀어준다고 생각될 정도로 이미 서클에서 대부분 준수하고 있는 규정이 포함되어 있습니다. 그만큼 미국 정부의 향후 정책 방향과 부합되는 달러 스테이블코인이라고 할 수 있습니다.

앞서 스테이블코인의 시작은 일종의 카지노칩과 같은 역할이라고 설명했습니다. 일반인들 사이에서 거래소 간 이동과 코인 간 투자가 용이한 스테이블코인의 사용이 늘어나면 자연스레 암호화폐 투자에 대한 접근성도 낮아져 암호화폐 거래가 활성화될 것으로 예상할 수 있습니다. 이에 따라 매출의 60% 이상을 차지하는 코인베이스의 거래 수수료도

Tip USDC란?

서클에서 발행하며 미국 달러, 미국 국채 등을 담보로 하는 달러 스테이블코인 중 하나로 전 세계 2위의 달러 스테이블코인입니다. 2025년 6월 말 기준으로 1위는 테더에서 발행하는 스테이블코인 USDT로 약 1,450억 달러 규모가 발행되어 시장점유율 60% 이상을 차지하고 있으며, USDC는 약 610억 달러 규모로 발행되어 시장점유율 24%를 차지하고 있습니다. 두 달러 스테이블코인을 제외하고는 시장점유율이 각각 2% 이하로 큰 의미가 없습니다. 다만, USDT는 미국에서 발행하는 것도 아니고 스테이블코인 혁신법에 완벽히 부합되는 조건을 갖추고 있지 않아 상대적으로 USDC의 향후 확장성이 더 클 것으로 예상됩니다.

코인베이스의 주요 지표(2025년 12월 23일 기준)

코인베이스(COIN)			(단위: 미국 달러)
52주 신고가/신저가	444.65/142.58	상장 시장	미국
PER(주가수익비율)	23.1	시가총액	721억
ROE(자기자본비율)	26.00%	영업이익률	46.20%
배당률	-	순이익률	38.70%

출처: Yahoo Finance, Bloomberg

증가할 것은 불을 보듯 뻔한 것입니다.

마지막으로 트럼프 행정부의 친암호화폐 기조로 관련 파생상품의 출시와 거래가 활발해질 것으로 예상됩니다. 그중 가장 큰 기대가 되는 것은 미국 주식 토큰화 버전의 출시입니다. 미국의 온라인 거래 플랫폼 로빈후드(Robinhood, HOOD)는 이미 관련 상품의 출시를 예고한 적이 있는데, 코인베이스도 2025년 2분기 실적을 발표하며 미국 주식 토큰화 버전을 준비 중이라고 언급했습니다. 이는 2026년 예상되는 미국 주식 거래 24시간 제도와 맞물려 투자 시장의 큰 변화를 불러일으킬 중요한 변화입니다. 주식 토큰화를 통해 빠른 결제와 투명한 거래가 가능해져 코인베이스의 또 다른 수익처가 될 것으로 예상됩니다.

USDC를 발행하는 그 기업, 서클

서클(Circle, CRCL. US)은 2013년 보스턴에서 제러미 알레어(Jeremy Allaire)와 션 네빌(Sean Neville)에 의해 창립되었습니다. 특히 제러미 알레어는 이미 1990년대 웹 개발 도구 어도비 콜드퓨전(Adobe ColdFusion) 플랫폼을 만든 자신의 기업 알레어(Allaire)를 상장 및 매각에 성공시켰고, 2012년 두 번째 회사인 온라인 비디오 플랫폼 기업 브라이트코브(Brightcove)를 상장시킨 인물입니다. 그가 2013년 비트코인과 블록체인에 매료되어 만든 회사가 서클인데, 이미 앞서 검증된 실력으로 향후 발전적인 행보가 기대되는 기업입니다.

서클은 비트코인을 쉽게 매매하고 다른 거래소로 전송하는 용도로 USDC를 발행하며 많은 이들의 선택을 받았지만, 미국 정부의 친(親)스테이블코인 기조 변화 이후 사업 확장의 기회가 점점 더 다변화되고 있어 향후 성장이 기대됩니다.

청정수처럼 투명한 관리

2018년 처음으로 발행된 서클의 USDC는 변동이 심한 암호화폐 시장에서 미국 달러에 일대일로 연동되는 디지털 달러 토큰으로 설계되어 많은 이들의 호응을 얻었습니다. 구조는 생각보다 간단해 사용자가 1달러를 서클에 맡기면 스마트 컨트랙트를 통해 1USDC가 발행되는 구조입니다. 모든 USDC는 100% 동등한 가치의 현금 혹은 현금성 자산으로 완전히 담보되기 때문에 가치 변동 우려가 상대적으로 낮습니다.

그렇다면 100% 동등한 가치의 현금 혹은 현금성 자산이 무엇인가가 중요할 텐데, 서클이 이 준비자산의 투명성과 안정성 관점에서 업계 표준을 만들었다고 할 수 있습니다. 대부분의 준비자산은 미국 국채 등에 투자하는 머니마켓펀드(MMF)에 예치되는데, 서클은 세계 최대 자산운용사인 블랙록(BlackRock)과 파트너십을 맺고 서클 준비금 펀드(Circle Reserve Fund)를 통해 자금을 관리하고 있습니다. 해당 펀드는 미국 증권거래위원회(SEC)에 등록된 안전자산 위주로 투자하는 펀드로 모든 준비금 내역이 매일 블랙록을 통해 공개되고 월간 감사도 받습니다. 이로써 사용자는 나의 자금이 어디에 정확히 투자되고 있는지 알 수 있어 안정적인 보유가 가능해지는 것입니다.

서클은 어디서 돈을 벌까?

서클의 매출 90% 이상이 발생하는 USDC 발행 사업은 언뜻 보면, 일종의 담보인 고객 자산을 받고 USDC를 발행하는 것이 전부이고 수수료나 차익 없이 무료로 제공해주는 것과 같아 매력적이지 않아 보입니다. 하지만 서클의 수익 구조는 전통 은행의 예대마진 모델과 핀테크의 플랫폼 모델을 동시에 구현한 형태라고 할 수 있을 정도로 안정적이며 향후 발전 가능성도 보유하고 있습니다.

서클의 주요 수익원은 고객이 맡긴 자금을 미국 재무부 단기채권 등에 투자하고 발생하는 이자수익의 일부입니다. USDC의 발행 규모가 엄청 커지지 않는 한 매출이 한정되는 구조죠. 해당 이자수익률은 금리 변화에 민감하게 반응합니다. 금리 상승기에 유리한 구조로 되어 있는 것

표 5 주요 스테이블코인의 발행량(2025년 11월 말 기준)

코인명	발행사	시가총액(발행량)	최근 1년 변화율
테더(USDT)	테더(Tether Ltd)	약 1,840억 달러 (약 1,845억 개)	+37%
서클(USDC)	서클(Circle)	약 750억 달러 (약 750억 개)	+210%
Ethena USD(USDe)	에테나 랩스(Ethena Labs)	약 122억 달러 (약 122억 개)	신규
다이(DAI, USDS)	메이커다오(MakerDAO)	약 54억 달러 (약 53.6억 개)	±0%
페이팔 USD(PYUSD)	페이팔(PayPal) & Paxos	약 37억 달러 (약 37.3억 개)	+600%
퍼스트디지털 USD(FDUSD)	퍼스트디지털(First Digital)	약 9억 3천만 달러 (약 9.30억 개)	-20%
트루 USD(TUSD)	테크트릭스(Techteryx)	약 4억 9천만 달러 (약 4.95억 개)	±0%
바이낸스 USD(BUSD)	팍소스(Paxos)	약 5,500만 달러 (약 5,502만 개)	-97%
USD1(World Liberty)	월드리버티파이낸셜(BitGo)	약 27억 달러 (약 26.6억 개)	신규

출처: DeFiLlama

이죠. 여기서 주목할 것은 단순히 안정적인 수익률을 제공할 뿐 아니라 금리 상승기에 추가 수익을 달성할 수 있다는 것입니다. 실제로 금리 상승기에 접어들었던 2022년부터 수입원이 폭발적으로 증가하기도 했습니다.

트럼프 정부의 친(親)스테이블코인 정책으로 USDC의 발행량은 향후 급격하게 증가할 것으로 예상됩니다. 또한 과거와 같은 초저금리 시대로 진입하지는 않을 것으로 예상되기 때문에 발행 규모의 증가로 매출은 더욱 커질 것으로 전망됩니다.

현재 서클은 자사 플랫폼을 통해 고객들에게 USDC 결제, 송금, 디지털자산 관리 등의 서비스를 제공하고 있습니다. 간단히 말해 서클의 인프라를 통해 별도의 고객 인프라 없이 전 세계에 USDC 지급과 보관이 가능한 서비스인 것이죠. 이 외에도 스타트업 투자 중개 업무 등 장기적으로 암호화폐 금융 종합 플랫폼으로 성장하고 있어 향후 서클 내 매출 비중에 있어 큰 성장을 이룰 수 있는 부분입니다.

스테이블코인의 향후 발전 방향

한때 투자자들은 스테이블코인에 대해 상당히 회의적이었습니다. 이와 같은 회의론자들의 논쟁을 잠재우기 위해 서클은 블랙록과의 파트너십을 통해 누구보다 규제를 준수하고 투명성을 강화하며 회의론을 불식시켰습니다. 또한 USDC의 사용 확대를 위해 코인베이스와 이익의 일부를 공유하며 시장을 먼저 만들겠다는 파격적인 전략도 보여주었습니다. 이와 같은 회사 경영은 투자자들에게 향후 서클이 어떤 사업으로 확장하더라도 규제를 준수하며 전략적으로 잘 확대할 것이라는 확신을 줍니다.

서클의 주요 지표(2025년 12월 23일 기준)

서클(CRCL)			(단위: 미국 달러)
52주 신고가/신저가	298.99/64	상장 시장	미국
Forward PER (선행 주가수익비율)	101.01	시가총액	212억
ROE(자기자본비율)	-	영업이익률	10.95%
배당률	-	순이익률	-

출처: Yahoo Finance, Bloomberg

서클은 2025년 6월 상장 이후 단기간에 약 5배가량 주가가 상승하는 기염을 토하고는 상장가 부근까지 주가가 하락했습니다. 당시 주가 급등이 멈췄을 때의 시가총액은 전 세계에 발행되어 있는 USDC의 시가총액과 거의 비슷했습니다. 투자자들은 서클이 그 이상의 매출을 확장하기는 어려울 것이라 생각한 것이죠. 하지만 2025년 11월 기준 USDC의 발행량은 지난해 대비 210% 증가한 약 750억 달러를 기록하고 있습니다. 같은 기간 경쟁사인 테더의 USDT는 37% 상승했는데 이는 테더 대비 엄청난 발행량 상승 폭을 기록한 것으로, 미국 정부의 스테이블코인 혁신법 통과 이후 시장이 커지고 있다는 것을 보여주는 것입니다.

기존에는 투자자들이 USDC 외에는 서클의 먹거리가 없다고 판단했을지라도 USDC의 발행규모 확대와 적극적으로 USDC 외 수익을 창출하고 있는 서클의 주가 상승 여력은 향후에도 상당히 크다고 할 수 있습니다.

영토 분쟁으로 이어진

희토류 전쟁

2010년 9월, 전 세계가 희토류의 중요성을 깨닫게 된 중요한 사건이 있었습니다. 중국과 일본이 오랜 시간 동안 영토 분쟁을 벌여온 섬이 있습니다. 동중국해의 센카쿠 열도(중국명 댜오위다오)가 바로 그 섬입니다. 이 섬은 현재 일본인들이 거주하고 있습니다. 그런데 2010년 9월 일본의 해안경비대가 센카쿠 열도 근처에서 조업하던 중국 어선을 체포하는 사건이 발생했습니다. 이에 중국 정부는 강력 반발했고 외교적 압박을 가하기 시작했습니다. 여기에 더해 일본에 희토류 수출 중단이라는 강력한 카드를 사용했습니다. 당시 이미 전 세계 90% 이상의 희토류가 중국에서 생산되고 있었기 때문에 그 여파는 엄청났습니다. 일본에서 생산되는 전자기기, 자동차 등 다양한 산업에 영향을 주며 경제에 타격을 주었으며, 일본에서 해외로 수출되는 제품에까지 영향을 미침으로써 여러 국가에서 어려움을 겪었습니다.

이 사건은 일본뿐 아니라 전 세계에 중요한 메시지를 던졌습니다. 그때까지 희토류의 중국 의존도에 대해 별다른 경각심을 갖고 있지 않았던 많은 국가가 중국의 독점에 대해 우려를 표하며 준비에 나섰기 때문입니다. 이때부터 중국은 희토류를 정치적 도구로 사용하기 시작했고 미국과 중국의 패권 경쟁이 심화된 지금 더욱 강력한 무기로 사용되고 있습니다. 또한 전 세계 여러 나라에서는 희토류의 중국 의존도를 줄이기 위한 전략을 수립하고 자립을 위해 노력하고 있습니다.

이 같은 각국의 노력으로 2024년 희토류 생산량 기준 중국 69.2%, 미국 11.5%, 미얀마 7.9%, 호주 3.3% 등 어느 정도 분산된 것 같지만, 희토류의 전 세계 수출 기준으로는 여전히 중국이 80% 이상을 차지하고 있고 현재 생산 국가들도 내수 사용 일부를 채우는 정도의 미미한 수준임을 알 수 있습니다.

1990년대부터 시작된 중국의 희토류 산업 전략화

1990년 이전까지는 전 세계 희토류 생산에서 미국이 일정 부분을 차지하고 있었습니다. 미국은 1960년대 희토류를 처음으로 발견했고 1970년대부터 본격적으로 채굴하기 시작했습니다. 이에 1980년대에는 전세계 주요 희토류 공급원 중 하나로 그 역할을 수행했습니다. 하지만 1990년 이후 저렴한 가격으로 채굴된 중국산 희토류가 수출되기 시작하자 미국의 희토류 산업은 경쟁력을 잃기 시작했고, 희토류 채굴이 환경오염을 심화시키자 2000년 들어서는 생산을 중단하기에 이릅니다.

반면 중국은 희토류의 중요성을 인식하고 1990년대부터 국가가 주도해 전략적으로 희토류 산업을 키우기 시작합니다. 2000년대 초반에는 희토류 자원의 채굴, 정제, 수출 관리를 국가 정책으로 삼았고, 이를 통해 내수 시장과 국제 공급망에 대한 통제를 강화했습니다.

그림 6 희토류의 사용처

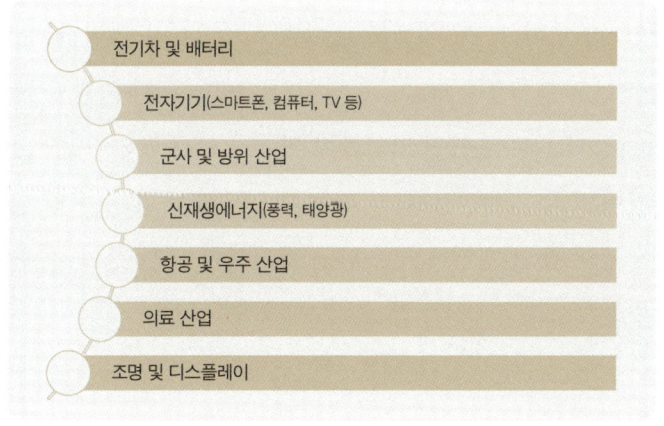

그림 7 2024년 기준 희토류 생산량 현황

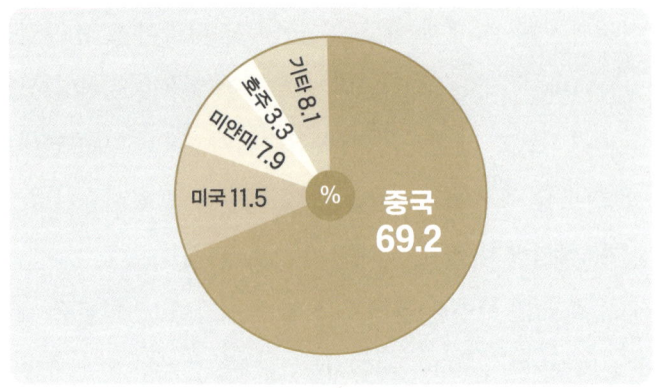

출처: 한국무역협회

　이와 같은 정책은 2018년 트럼프 정부의 중국 무역제재 이후 더욱 강화되었습니다. 2020년 중국 정부는 여러 희토류 기업을 합병시켜 하나의 통합체를 탄생시켰는데, 그 기업이 바로 중국희토류그룹(China Rare Earth Group)입니다. 이 그룹은 현재 중국 희토류 생산량의 70% 이상을 담당하며, 희토류 채굴, 가공, 정제의 모든 공정을 수직계열화에 성공한 국영기업입니다. 이 외에도 네이멍구 바오터우 철강 희토류(Inner Mongolia Baotou Steel Rare Earth), 운남석업(云南錫業), 서부 희토류(Western Rare Earth) 등의 희토류 관련 기업들이 있지만 모두 국영기업입니다.

　이와 같이 중국 정부는 희토류 관련 기업들의 대형화, 국영화로 향후 있을 미국과의 패권 경쟁에서 우위를 차지하기 위한 산업 전략화를 끝마쳤습니다.

미국 희토류 자립의 유일한 희망, MP머터리얼즈

트럼프 2기 들어 한층 격화된 미국과 중국의 패권 경쟁 중심에도 역시 희토류가 있습니다. 중국은 희토류를 무기 삼아 미국에 대한 수출을 통제하는 방식으로 맞서고, 미국은 속수무책으로 희토류에 대한 공격은 당할 수밖에 없는 상황입니다. 이에 미국도 희토류 자립을 위해 부단히 노력하고 있으며 그 핵심에는 MP머터리얼즈(MP Materials, MP.US)가 있습니다.

MP머터리얼즈는 미국 내 유일한 상업적 희토류 생산 기업으로 희토류 채굴, 가공, 성세의 수직계열화를 이루고 있는 기업입니다. 미국 캘리포니아주 마운틴 패스 광산에서 희토류를 채굴하고 있으며, 전기차 산업, 군사 기술, 신재생에너지 분야에 필수로 사용되는 네오디뮴(Nd)과 프라세오디뮴(Pr) 원소를 주로 공급하고 있습니다.

MP머터리얼즈는 캘리포니아주의 마운틴 패스 광산 채굴권과 텍사스

그림 8 MP머터리얼즈의 희토류 생산 시설 인디펜던스

출처: https://mpmaterials.com/independence

포트워스에 인디펜던스(Independce)라는 희토류 관련 가공품 생산 시설을 보유하고 있습니다. 마운틴 패스는 미국 희토류 채굴의 핵심 역할을 꾸준히 해 온 광산으로 2000년대 채굴이 중단됐다 2017년부터 MP머터리얼즈가 재개발 후 본격적으로 채굴이 재개되었습니다. 인디펜던스는 2022년 설립된 생산 시설로 미국의 희토류 독립을 갈망하는 7,000평 규모의 대형 시설입니다. 현재는 연간 약 1,000톤의 희토류를 처리할 수 있는 생산 능력을 보유하고 있습니다.

미국 정부의 명확한 시그널, 국방부 파트너십 체결

미국의 연간 희토류 수요는 보수적으로 잡아도 5만 톤은 됩니다. 그런데 현재 MP머터리얼즈에서 연간 생산할 수 있는 양은 넉넉잡아 1천 톤에 불과하죠. 이에 트럼프 2기 정부에서는 본격적인 지원과 명확한 정책 방향을 보여주고 있습니다.

2025년 7월, MP머티리얼즈는 미국 국방부와 파트너십을 체결했습니다. 그런데 파트너십의 내용이 기가 막힙니다. 미국 국방부는 파트너십을 통해 우선주 4억 달러를 투자했는데, 향후 3억 5,000만 달러를 추가 투자하겠다고 약속했습니다. 이 외에도 대형 금융사의 투자 및 저리대출을 지원할 예정이라고 밝히면서 향후 엄청난 규모의 추가 자금이 투입될 것을 예상할 수 있는 부분입니다.

이번 투자의 목적은 시설 확장이었습니다. 기존 생산 시설인 인디펜던스의 확장을 포함해 2028년 가동 시작을 목표로 신규 시설을 건설할 계획입니다. 이에 2028년 본격적으로 시설 가동이 시작되면 인디펜던스의 확장과 함께 연간 1만 톤 정도 생산 가능할 것으로 예상됩니다.

미국 국방부는 생산뿐 아니라 제품의 수요에 대해서도 파격적인 제안을 내놓았습니다. 2025년 4분기부터 10년 동안 MP머티리얼즈에서 생산된 네오디뮴과 프라세오디뮴의 가격에 대해 하한선을 설정해 구입해주기로 한 것입니다. 또한 향후 신규 생산 시설에서 생산되는 생산품을 100%로 구매하겠다고 약속함으로써 중국의 가격 경쟁 또는 밀어내기 전략에 철저히 방어해주겠다는 미국 정부의 확고한 의지를 확인할 수 있는 부분입니다.

결론적으로 MP머티리얼즈는 위에서 설명한 파트너십을 통해 미국 정부의 전폭적인 지원을 받고 있으며, 향후 생산 능력 확장으로 매출이 늘어날 것이 명확합니다. 또한 미국 국방부가 우선주로 투자함으로써 향후 흑자 전환 시 배당을 지급할 가능성이 농후합니다.

애플과 체결한 윈윈 파트너십

2025년 중순 애플의 주가는 다른 M7 기업 대비 부진한 모습을 보였습니다. AI 시대에 뒤처진다는 평을 받고 있었으며, 트럼프 대통령의 관세 부과 정책으로 인해 제품 단가 인상에 대한 우려도 있었습니다. 이에 팀 쿡(Tim Cook) CEO는 대대적인 미국 내 투자를 발표했습니다. 총 투자 규모는 약 6,000억 달러 규모로 향후 4년간 순차적으로 진행할 예정인데, 이러한 발표 이후 주가도 급반등하는 모습을 보였습니다. 많은 사람이 6,000억 달러의 투자에 집중해 있었지만 당시 애플은 MP머터리얼즈와도 파트너십을 맺었습니다.

애플과 MP머터리얼즈가 맺은 파트너십은 5억 달러 규모의 공급 계약이었는데, 그중 2억 달러는 선수금으로 지급했습니다. MP머터리얼즈는 선수금으로 생산 시설인 인디펜던스에 희토류 재활용 라인을 건설할 예정입니다. 애플은 2019년부터 재활용 로봇을 활용해 연간 120만 대의 애플 제품에 희토류를 재활용하고 있었습니다. 예를 들어 우리가 사용하는 아이폰에는 한 대당 약 0.32g의 희토류가 포함되어 있어 이를 재활용하면 10만 대당 약 32kg의 희토류를 회수할 수 있는 것이죠. 두 기업의 파트너십으로 향후 재활용 라인이 건설되면 MP머터리얼즈는 애플에서 공급받은 제품을 통해 재활용한 희토류를 활용해 자석을 만들어 애플에 공급할 예정입니다. 즉 MP머터리얼즈는 연간 약 9,000만 달러의 반복적인 수입을 확보할 수 있게 된 것입니다.

애플의 사례에서도 알 수 있듯이 향후 많은 제조업 기업들이 MP머터리얼즈와 이와 같은 파트너십을 맺을 가능성이 커졌습니다. 희토류 산업 자립을 위한 노력은 명확한 미국 정부의 방향인데다 희토류는 제조업 기업이라면 꼭 필요한 재료이기에 정부와의 관계를 원활히 하고 수요까지 확보할 수 있는 파트너십은 서로에게 윈윈 전략이기 때문입니다.

아직 갈 길이 먼 미국의 희토류 자립

미국 정부의 노력에도 불구하고 미국의 희토류 자립은 아직도 요원합니다. MP머터리얼즈와 같은 회사가 고군분투해도 2028년까지 가능한 생산량은 연간 1만 톤에 불과한데, 미국 내 수요는 보수적으로 잡아도 연간 5만 톤이기 때문입니다. 이에 향후에도 MP머터리얼즈에 대한 미국 정부의 지원은 계속될 것으로 예상할 수 있습니다.

또한 희토류 관련 다른 기업에 대한 지원도 전망해볼 수 있는데, USA 레어 어스(USA Rare Earth, USAR.US) 같은 기업이 그 대상이 될 수 있습니다. USA 레어 어스는 미국 오클라호마주 스틸워터에 본사를 둔 희토류 자석 제조 기업으로, 현재 연간 5,000톤의 자석을 생산할 수 있는 공장을 건설 중에 있어 2026년 상반기 가동이 시작될 것으로 예상됩니다. 또한 텍사스주 시에라블랑카에 위치한 라운드톱 광산의 희토류 채굴권을 보유하고 있습니다. 따라서 2026년 이후 MP머터리얼즈 다음으로 희토류의 상업적 성공이 가능할 것으로 예상되는 기업으로 주목할 만합니다.

현재 미국의 희토류 산업은 많은 부분에서 과거 미국의 셰일가스 혁명을 떠오르게 합니다. 미국 내 수요가 많은 자원임에도 불구하고 많은 양을 외부에서 수입하고 있고, 정치적 도구로 미국을 위협할 수 있는 자원이라는 것입니다. 또한 미국 내에도 풍부한 매장량이 있지만 활용하지 못하고 있다는 점도 비슷합니다. 미국은 셰일가스 혁명으로 원유 순수출국이 되었고 중동으로부터 자유로워졌습니다. 또한 셰일가스 산업

MP머터리얼즈의 주요 지표(2025년 12월 23일 기준)

MP머터리얼즈(MP)			(단위: 미국 달러)
52주 신고가/신저가	100.25/15.56	상장 시장	미국
PER(주가수익비율)	20.97	시가총액	100.4억
ROE(자기자본비율)	–	영업이익률	–
배당률	–	순이익률	–

출처: Yahoo Finance, Bloomberg

으로 풍부한 자금이 유입되고 기술 발전으로 생산량도 확대되었습니다. 현재 희토류 자립을 결정한 미국은 향후 엄청난 자금을 희토류 산업으로 유도할 것입니다. 관련해 투자할 기업이 명확한 산업인만큼 향후 몇 년간은 지켜볼 필요가 있습니다.

중국 희토류 발전의 산증인, 중국 북방희토 그룹

중국의 희토류 발전은 북방희토 그룹(China Northern Rare Earth Group, 600111.SH)과 함께해왔다고 해도 과언이 아닙니다. 중국에서 희토류가 발견된 역사는 우리가 생각하는 것보다 오래된 1930년입니다. 당시 중국 네이멍구의 바오터우(包头) 지역에서 발견되었는데요. 당시 희토류가 발견된 광산이 현재 북방희토의 모회사 바오강 그룹이 보유하고 있는 광산이었습니다. 발견 이후 오랜 시간 동안 일본과의 전쟁, 국공내전 등으로 큰 발전을 이루지 못하다 1961년 300명의 과학자가 모여 개발하기 시작했고, 당시 설립된 회사가 현재의 북방희토가 된 것입니다.

1990년대 덩샤오핑 주석은 "중동에 석유가 있다면 중국에는 희토류가 있다"라며 희토류를 국가 전략 산업으로 격상시켜 본격적으로 개발하기 시작했습니다. 당시 다른 나라에서는 채굴 시 발생하는 환경오염과 비용 부담으로 희토류 채굴을 중단하기 시작했는데 이 자리를 중국이 차지하면서 현재의 위치까지 오게 된 것입니다.

전 세계적으로 많은 국가와 기업들이 희토류를 중국에 의지하고 있지만 중국의 희토류 상당 부분은 네이멍구의 바오터우에서 생산하고 있습니다. 이는 바오터우에 매장되어 있는 희토류의 양이 전 세계 매장량의 40%에 육박하기 때문인데요. 바오터우에 주요 광산을 보유하고 있는 모회사로부터 저렴한 가격에 재료를 공급받을 수 있는 북방희토는 중국 대표 희토류 기업을 넘어 전 세계에 희토류를 공급하는 젖줄 역할을 하고 있다 해도 과언이 아닌 것입니다.

중국, 아니 전 세계 희토류를 재패한 북방희토

2000년 초반 중국의 희토류 관련 기업들은 삼국지 이전의 전국시대처럼 여러 기업이 난립해 있었습니다. 그러다 2008년 북방희토가 바오터우강철의 희토류 사업 부문을 인수하면서 지금과 같은 거대 기업으로의 발전에 전초가 마련되었습니다. 해당 인수로 당시 북방희토는 중국 희토류 시장점유율 90%를 독점하는 기업이 되었고, 2010년 중국이 일본과 센카쿠 열도 분쟁으로 희토류 수출을 제한하며 북방희토의 실적이 무려 12배 급등하기도 했습니다.

하지만 2011년 이후 희토류 가격이 하락하며 경쟁사들이 또다시 난립하기 시작했으나 지금의 정부에서 인위적으로 업계 구조조정을 시행함으로써 북방희토가 6대 희토류 기업 중 가장 규모가 큰 기업이 되었습니다.

2021년 중국 정부에서는 남방의 모든 희토류 관련 기업들을 통합해 중국희토그룹(China Rare Earth Group)을 신설했고, 이로써 중국의 남쪽은 중국희토가 북쪽은 북방희토가 나눠 호령하는 양강 체제가 재편된 것입니다. 하지만 전 세계 희토류 매장량의 약 40%가 중국 북쪽 네이멍구의 바오터우 광산에 있다 보니 표면상으로는 양강 체제라 해도 안정적으로 희토류를 공급받을 수 있는 북방희토가 중국 희토류 생산의 70%, 제련의 67%를 담당하는 절대 강자로 자리매김하게 되었습니다.

17개 희토류 원소 중 북방희토의 경쟁력은?

북방희토가 전 세계 1위를 차지하게 된 배경에는 중국 정부의 인위적인 구조조정이 큰 역할을 했지만, 그것이 전부는 아닐 것입니다. 북방희토는 모회사인 바오강 그룹으로부터 안정적으로 저렴한 가격의 희토류를 공급받을 수 있기 때문에 원가 부분이 안정되어 있고, 희토류 채굴, 제련 및 소재 제품 생산까지 한번에 할 수 있는 수직계열화에 성공했습니다. 또한 규모 자체도 압도적이라 미국을 비롯한 다른 국가들이 따라오기까지 상당한 시간 격차를 벌려놨다고 할 수 있는데, 연간 희토류 제련량 8만 톤, 희토류 금속 제련량 1만 톤, 자석 소재 생산량 3만 톤으로 모두 전 세계 1위를 구가하고 있습니다.

이와 같이 북방희토는 단순히 국가에서 밀어주기만 하는 기업이 아니라 밀어줄 만한 기업이기 때문에 지금의 자리에 오른 것으로 전 세계 어떤 기업과 견주어도 손색 없다 할 수 있습니다.

핑계는 가격안정 및 밀수출 단속, 실상은?

중국 정부는 희토류를 전략 자원으로 규정하면서 국가 차원에서 관리하고 있습니다. 이는 곧 생산량 쿼터제로 이어졌는데 매년 채굴량과 제련량을 할당하는 방식입니다. 북방희토는 과거 약 절반 정도의 쿼터를 부여받았지만, 2021년 양강 체제로 재편된 이후에는 채굴 쿼터 70%, 제련 쿼터 67%를 받고 있습니다.

2024년 6월 중국 정부에서 사상 최초로 희토류 특별법인 '희토류 관리 조례'를 발표했는데, 해당 조례는 희토류 자원 보호, 생산 및 수출 규제 강화, 산업 고도화 촉진 등 총 32개 조항으로 구성되어 있습니다. 이는 국가안보를 이유로 희토류 수출을 통제할 수 있다는 것을 공식화한 것이라고 할 수 있습니다.

이와 같은 중국의 희토류 수출 통제는 항상 밀무역 등의 불법행위를 통제하겠다는 명목하에 진행됩니다. 실제로 한 해 생산량의 상당 부분이 밀무역으로 새어 나간다는 이야기가 있지만, 실질적인 이유는 패권 경쟁을 하고 있는 미국 등의 국가를 겨냥한 전략적 수단이라고 할 수 있습니다. 문제는 이와 같은 조치가 북방희토의 매출 상단을 규정하고 저해할 수 있다는 것입니다. 하지만 서방 국가들과의 분쟁이 장기화되면서 북방희토의 매출 구조는 이미 내수 위주로 조정되며 상당히 안정화되고 있습니다. 또한 미국에서 적당한 수준의 합의를 내놓고 있어 수출도 다시 재개되고 있는 모습입니다.

새로운 전환기를 맞이한 북방희토

희토류는 전례 없는 수요 증가를 경험하고 있습니다. 국제에너지기구(IEA)에 의하면, 2050년까지 전 세계 전기차는 수억 대에 달할 것이며, 풍력 발전 설비 용량도 기하급수적으로 늘어날 것으로 예상하고 있습니다. 그야말로 북방희토의 매출이 급증할 것은 불을 보듯 뻔합니다.

북방희토 그룹의 주요 지표(2025년 12월 23일 기준)

북방희토 그룹(600111)			(단위: 중국 위안)
52주 신고가/신저가	61.69/20.25	상장 시장	중국
PER(주가수익비율)	76.94	시가총액	1,646억
ROE(자기자본비율)	9.40%	영업이익률	11.80%
배당률	0.08	순이익률	5.10%

출처: Yahoo Finance, Bloomberg

큰 틀에서 중국 정부는 희토류 통제력 유지를 위해 꾸준히 노력하고 있습니다. 희토류 비축량 확대와 수출 국가 다변화를 촉진하고 있으며, 이에 따라 생산량 쿼터제 확대도 이어지고 있습니다. 또한 희토류 매장량 고갈에 대비해 아프리카 및 아시아 일부 희토류 광산 개발 프로젝트를 꾸준히 진행하면서 정부 차원에서 희토류 수급과 공급의 안정적 확대의 길을 열어주고 있습니다.

북방희토도 여기에 발맞춰 기술 개발에 열중하고 있는데, 기존보다 높은 효율의 원소 분리 신공정 및 환경오염을 줄이는 방식들을 꾸준히 개발하고 있습니다. 수출 측면에서도 중국과 우호적인 관계가 형성된 국가 위주로 확대하고 있어 분쟁이 생길 때마다 재기되는 이슈도 완화될 것으로 예상됩니다.

향후 지속될 미국과 중국의 패권 경쟁에서 희토류가 핵심 쟁점으로 떠오른 가운데 두 국가 모두 희토류 산업은 절대 물러설 수 없는 진퇴양난의 사업이 되었습니다. 이 경쟁의 핵심에 있는 북방희토는 중국 정부와 호흡을 맞춰 앞으로도 꾸준히 성장할 것입니다.

미국과 중국의
AI 주도권 경쟁

미국과 중국의 패권 경쟁에 있어 핵심은 단연 AI 주도권 경쟁이라고 할 수 있습니다. 2025년 1월 중국의 헤지펀드 회사 환팡퀀트의 인공지능 연구 기업 딥시크(DeepSeek)에서 대규모 언어 모델을 내놓으면서 미국을 포함한 전 세계 국가들에 경각심을 일으켰고 미국과 중국의 AI 패권 경쟁이 본격적으로 시작되었습니다.

딥시크의 대규모 언어 모델이 발표되기 전까지는 미국이 AI 방면에서 압도적으로 앞서가고 있는 것으로 보였습니다. 중국 정부도 마치 AI에 관심이 없는 듯 지원책이 전무할 정도였죠. 미국의 OpenAI, 마이크로소프트, 메타 등 빅테크 기업들이 AI 반도체를 대량으로 구입해 데이터 센터를 짓는데 막대한 자금을 쏟아부었습니다. 하지만 딥시크가 저렴한 방식으로 AI 대규모 언어 모델을 구축하는 데 성공하며 기술을 입증했고, 이는 중국 정부로 하여금 미진했던 AI 산업 지원에 대해 다시 한 번 돌아보게 하는 계기가 될 수 있었습니다.

미국과 중국의 AI 주도권 경쟁은 이제 막 시작되었으며 누군가의 일방적 승리가 아닌 무한 경쟁 시대로 돌입했습니다. 우리는 이 두 강대국의 경쟁 속에서 많은 투자 기회를 얻을 수 있을 것입니다. 이에 AI 산업의 기반인 반도체부터 막대한 에너지가 필요한 데이터센터를 유지시켜 줄 에너지 관련 기업, 자율주행, 로봇까지 본격적인 경쟁의 수혜를 받을 기업들을 살펴보겠습니다.

AI의 두뇌, 반도체

| AI 열풍의 핵심, 엔비디아 |

엔비디아(NVDA.US)는 단연 전 세계적인 AI 열풍의 핵심으로, 그야말로 미국 기업의 정수를 보여주듯 그 시기에 맞는 적절한 변신과 사업 확장을 통해 성장해왔습니다. 처음에는 게임용 그래픽 카드를 만드는 회사로 시작해 자율주행, AI까지 완벽한 변신을 거쳐 지금의 자리를 굳혔습니다.

엔비디아의 시작

2025년 경주에서 APEC 정상회담이 개최되었습니다. 정상회담 기간 중 이루어진 미중 정상회담을 포함해 많은 국가 정상들의 만남이 회자되었죠. 그중에서도 가장 주목받았던 만남은 젠슨 황과 삼성전자 이재용 회장, 현대자동차 정의선 회장의 치맥 회동이었습니다. 세 사람이 만난 서울 한복판의 치킨집은 아마 그 자리를 기념하는 식당이 될 것입니다.

엔비디아를 기념하다 못해 자리 하나를 엔비디아 기념 자리로 지정한 식당도 있습니다. 실리콘밸리의 패밀리 레스토랑인데요. 1990년대 초 젠슨 황 CEO와 공동창업자 2명은 자주 그곳에 모여 사업 구상을 했습니다. 돈이 없던 시절이라 몇 시간씩 커피만 시켜놓고 그 자리에 머물렀지만, 이제는 시가총액 5조 달러에 달하는 기업으로 성장하면서 그 자리는 '엔비디아 부스'로 지정되는 등의 에피소드도 있습니다.

엔비디아 첫 두 작품의 실패

창업 당시 3명의 공동창업자는 그래픽과 비주얼 컴퓨팅의 시대가 올 것이라 믿으며 그래픽 가속기에 올인했습니다. 이에 1995년 첫 제품으로 그래픽카드 NV1을 출시했지만 너무 앞서간 기술 선택과 높은 가격 탓에 시장의 외면을 받게 되죠.

NV1은 별도의 사운드 카드가 필요 없도록 음향 구현 출력과 게임패드를 위한 연결까지 가능하도록 설계된 획기적인 제품이었습니다. 하지만 개발자들은 듣도 보도 못한 신생 회사 엔비디아의 기술 대신 마이크로소프트와 같은 글로벌 기업의 기술로 몰려들었습니다. 이에 엔비디아는 첫 번째 위기를 겪게 됩니다.

다행히 엔비디아는 당시 닌텐도와 어깨를 나란히 하던 세가(Sega)의 지원을 받아 NV2를 개발하게 되지만 이 조차도 기술적인 문제로 다른 회사에게 뺏기게 되면서 엔비디아는 당시 직원 100명 중 절반 이상을 해고하는 고통을 감내해야 했습니다.

The 'GPU'의 탄생과 재편

NV1과 NV2의 뼈아픈 실패를 겪게 된 엔비디아는 아무리 획기적인 상품이라도 시장의 흐름과 반대로 가는 것이 얼마나 위험한지 깨닫게 됩니다. 이후 밤낮을 잊은 개발 끝에 1997년 새로운 그래픽 카드 RIVA128을 출시하게 되고, 이는 시장의 호평을 받으며 출시 4개월 만에 100만 개가 판매되는 기염을 토하게 됩니다. 1999년에는 세계 최초의 GPU인 GeForce256을 출시하면서 엔비디아는 GPU(Graphics Processing Unit)라는 용어를 전 세계에 각인시켰고, 업계 판도를 흔들기 시작했습니다.

당시 PC 게임은 CPU가 게임 내 움직임에 따른 좌표 변화, 광원의 위치, 픽셀의 밝기 등을 조절하고 그래픽 카드는 보조하는 수준이었습니다. 하지만 엔비디아의 신제품은 이런 연산을 직접 수행했습니다. 이와 같은 역할이 가능했던 것은 CPU가 복잡한 연산을 하나씩 수행하는 반면 엔디비아의 GPU는 연산을 동시에 수행했기 때문입니다. 비트코인 채굴에 GPU가 사용된 이유도 바로 이것이죠.

GPU를 만들면서 엔비디아는 업계를 재편하기 시작했습니다. 1990년대 3D 그래픽 카드에서 명성을 날리던 회사들이 파산하거나 엔비디아에 인수되었고, 소니(Sony)나 도시바(Toshiba) 같은 회사들도 해당 사업에서 철수하며 엔비디아와 ATI 양강 구도가 형성되었습니다. 하지만 2006년 ATI가 AMD에 인수되면서 이와 같은 그래픽 전문 회사의 양강 구도는 깨졌습니다. 또한 CPU 시장의 강자였던 인텔도 통합 그래픽 카드를 출시하는 등 GPU 시장을 넘봤지만 매번 실패하며 엔비디아의 시장지배력은 더욱 공고해졌습니다.

그림 9 엔비디아의 세계 최초 GPU GeForce256

출처: https://blogs.nvidia.com/blog/first-gpu-gaming-ai/

딥러닝 붐을 통한 제2의 도약

2006년 젠슨 황 CEO는 그래픽 이외의 연산에도 활용할 수 있는 소프트웨어 플랫폼 CUDA를 공개했는데, 업계의 반응은 시큰둥했습니다. 이는 좀 이른 감도 있었지만 젠슨 황은 내부 프로젝트로 묵묵히 밀어붙였고 이후 결정적인 순간이 찾아옵니다.

2012년 토론토 대학의 한 연구 팀에서 GPU를 활용한 신경망 학습으로 이미지 인식 정확도를 비약적으로 끌어올린 연구에 성공함으로써 엔비디아의 GPU가 또다시 주목받게 된 것입니다. 즉 'GPU로 AI를 가능하게 할 수 있다'는 공식이 성립된 것이죠.

그때까지 묵묵히 해당 프로젝트를 준비해왔던 젠슨 황은 이번이 기회임을 깨닫고 AI 연산에 활용할 반도체 개발에 박차를 가해 2016년 세계 최초의 AI 슈퍼컴퓨터 시스템인 DGX-1을 들고 OpenAI를 찾아갑니다. 이와 같은 발빠른 움직임으로 딥러닝 붐에서 CUDA는 중심에 서게 되었고, 엔비디아가 현재의 AI 생태계를 주도하게 되는 발판을 마련하게 됩니다. 지금의 AI 반도체 부족 현상에서 엔비디아가 가장 큰 수혜 기업으로 떠오르게 된 것은 단순한 운이 아니라 2000년 초반부터 준비한 젠슨 황의 선견지명 덕분인 것입니다.

데이터센터 생태계의 지배자

AI 붐이 불기 시작하면서 빅테크 기업들은 앞다투어 클라우드 데이터센터를 짓기 시작합니다. 이전까지 엔비디아 매출의 40% 정도를 차지하고 있던 데이터센터 부문 매출은 이 시기 90%까지 치솟았습니다. 이는 엔비디아의 사업이 기존의 게임 그래픽 사업에서 완전히 탈피하여 AI 인프라 회사로 한 단계 업그레이드된 것을 의미합니다.

젠슨 황은 여기서 멈추지 않았고 2019년 고성능 데이터센터 네트워킹 기업 멜라녹스(Mellanox)를 인수합니다. 이로써 하드웨어인 엔비디아의 고성능 GPU에 멜라녹스의 고속 네트워크까지 보유하게 되면서 데이터센터 생태계의 지배력을 강화하게 되었습니다. 이와 같은 젠슨 황의 과감하고 발 빠른 움직임으로 엔비디아는 하드웨어와 소프트웨어를 아우르며 경쟁자와 격차를 크게 벌렸습니다. 2025년 현재 엔비디아는 사실상 PC용 GPU 시장을 90% 이상 점유하는 거대 기업이 되었습니다.

로봇 생태계의 지배자를 향해

엔비디아는 2021년 이후 약 15배의 주가 상승을 기록했습니다. 하지만 여전히 투자자들이 엔비디아를 좋게 보는 이유는 뱀의 성장과 같은 기존 사업 탈피 후의 성장에 있을 것입니다. 그렇다면 향후 엔비디아의 먹

엔비디아의 주요 지표(2025년 12월 23일 기준)

엔비디아(NVDA)			(단위: 미국 달러)
52주 신고가/신저가	212.19/86.62	상장 시장	미국
PER(주가수익비율)	43.32	시가총액	4.26조
ROE(자기자본비율)	107.36%	영업이익률	63.17%
배당률	0.02%	순이익률	53.53%

출처: Yahoo Finance, Bloomberg

거리는 어떤 것일까요? 단연 로봇이라고 할 수 있습니다. 갈 길이 멀어 보이지만 사실 엔비디아는 이미 준비되어 있습니다.

엔비디아는 로봇을 작동시킬 컴퓨팅 칩 Jetson Orin과 로봇 훈련에 필요한 시뮬레이션 플랫폼인 Isaac을 이미 보유하고 있습니다. 특히 Isaac 플랫폼의 경우 이미 1,000개가 넘는 로봇 개발사들이 사용하고 있죠. 얼마전 테슬라의 로봇 옵티머스가 발레하는 영상이 화제가 된 적이 있었는데요. 이는 가상 환경에서 훈련을 반복하고 바로 실제 환경에서 실수 없이 해냈기 때문입니다. 실제로 테슬라의 옵티머스도 엔비디아의 칩과 Isaac을 사용하고 있어 그 성능이 이미 입증됐다고 할 수 있습니다. 이와 같은 사례는 향후 엔비디아의 행보가 어디로 이어질지, 어떤 기업으로 변모할지 투자자들의 기대를 모으기에 충분할 것으로 예상됩니다.

| 최초의 향연, 인텔 |

인텔(INTC.US)은 '최초'라는 수식어가 많이 붙는 회사입니다. 1968년 고든 무어(Gordon Moore)와 로버트 노이스(Robert Noyce)가 설립한 인텔은 불과 3년 만에 세계 최초의 민간용 마이크로프로세서인 4비트 CPU 4004를 선보이며 세계를 놀라게 했습니다. 이후 내놓은 세계 최초의 8비트 CPU가 IBM PC에 차용되며 최고의 자리에 오르게 되었죠.

과거 386 컴퓨터를 켜면 Intel Inside 로고와 함께 경쾌하게 나오던 소리를 기억하는 사람이 아직도 많을 것입니다. 1990년대는 인텔의 황금기였다고 할 수 있는데, 컴퓨터에 인텔 칩이 장착되었다는 인텔의 스티커는 말 그대로 품질보증서 역할을 했고, 1993년 출시된 펜티엄 프로세서는 이전 세대 대비 수백 배나 빠른 성능을 자랑하며 전 세계 기술을 선도했습니다. 급기야 1999년에는 IT 기업 최초로 다우지수에 편입되는 등 말 그대로 '최초'라는 수식어를 달고 다니며 전 세계 반도체 시장의 제왕으로 자리 잡게 되었습니다.

반도체 제왕의 몰락

제왕의 자리에서 영원히 물러나지 않을 것 같았던 인텔도 2000년 후반에 접어들며 조금씩 저물기 시작했습니다. 문제는 역시 비대해진 조직과 산업 성숙으로 변화에 적응하지 못했기 때문에 발생했습니다.

2007년 1월 9일, 애플의 스티브 잡스는 1세대 아이폰을 공개합니다. 스티브 잡스의 말대로 iPod, 휴대전화, 인터넷 통신기기를 섞어 기존의 전화기를 재발명한 것과 같은 혁신적인 기술이었습니다. 판매가 호조를 보이며 애플은 당시 반도체 업계를 주름잡던 인텔에도 아이폰용 반도체 공급을 제안했지만 당시 인텔의 CEO였던 폴 오텔리니(Paul Otellini)는 수익성이 낮다며 이 제안을 거절했습니다. 이에 애플은 ARM(암홀딩스, ARM.O)에 공급을 제안했고, ARM에서 이를 받아들이면서 향후 스마트폰 반도체를 주름잡게 됩니다. 하지만 인텔은 CEO의 이와 같은 결정으로 PC 시장에서는 시장을 주도했을지 몰라도 모바일 시장에서는 뒤처지는 결과를 초래하며 어려움을 겪기 시작합니다.

패착은 여기서 그치지 않았습니다. 2016년경 차세대 노광장비가 출시되었을 때 인텔 경영진은 쓸모없는 것으로 단정짓고 도입을 망설였습니다. 당시 CPU 시장에서는 여전히 나쁘지 않은 성과를 거두고 있었고 EUV 장비의 가격이 높다 보니 망설였겠지만 이와 같은 결정으로 인텔은 제조기술에 있어 5년 이상 후퇴했다는 평가를 받고 있습니다. 인텔이 이렇게 주춤하는 사이 TSMC는 미세공정을 앞세워 선두로 치고 나왔으며 삼성전자는 메모리 반도체 호황으로 매출 기준 전 세계 1위 반도체 기업에 오르게 됩니다.

마지막 결정타, AI!

인텔이 CPU의 제왕 자리에 만족하며 수많은 패착을 겪는 사이 세상은 빠르게 변하고 있었습니다. 2000년 후반부터 게임, 데이터센터, 자율주행, AI 등에 엔비디아의 GPU가 핵심으로 떠오르며 인텔을 압박했지만 인텔은 여전히 승자의 달콤함에 취해 있었습니다. 2018년 새로 부임한 CEO 로버트 스완(Robert Swan)은 AI의 상용화는 아직 먼 미래라며 무려 OpenAI의 투자 제안을 거절했습니다.

2020년 전 세계를 마비시킨 코로나19 팬데믹은 더욱 인텔을 수렁으로 몰아넣었습니다. 당시 인텔의 매출은 778억 달러로 역사적 고점을 기록했지만 오히려 새로운 시장 개척에 대한 적극적인 움직임은 보이지 않았습니다. 반면 엔비디아는 본격적인 AI 붐을 타고 급성장해 2020년 엔비디아가 인텔의 시가총액을 넘어서는 상징적인 사건이 발생합니다. 더불어 2022년에는 항상 인텔의 후광에 가려져 있던 AMD에게마저 시가총액을 추월당하는 굴욕을 겪어야 했습니다. GPU 시장은 따라잡지 못하고 기존에 누리고 있던 CPU 시장마저 위협받으며 한때 미국 반도체의 상징이었던 인텔은 그야말로 한없이 나락으로 추락했습니다.

파운드리로의 사업 확장

인텔 이사회는 패착의 연결고리를 끊기 위해 30년 경력의 전설적인 엔지니어 팻 겔싱어를 CEO로 선임합니다. 팻 겔싱어(Pat Gelsinger)는 기존 제품을 제조함과 동시에 파운드리로 사업을 확장하겠다는 야심찬 계획을 신포합니다. 초반에는 공장을 건설하는 등 대규모 투자를 통해 빠르게 파운드리 사업을 확장해가는 것으로 보였으나 이후 여러 난관에 부딪힙니다.

그중 가장 큰 것은 2022년 무산된 이스라엘의 파운드리 기업 타워 세미컨덕터(Tower Semiconductor) 인수입니다. 인텔은 타워 세미컨덕터 인수로 기존 기술 확보를 통해 파운드리 사업을 빠르게 확장하고 싶어했지만 당시 미중 무역 분쟁이 한창이던 때라 중국이 해당 인수 건을 반대하고 나서며 2023년 계약은 결국 무산되고 위약금 3억 5,000만 달러도 지급해야 했습니다. 그 후 팻 겔싱어 CEO의 끈질긴 노력으로 아마존에서 인텔에 칩 생산을 의뢰하는 등 성과를 보였지만, 수년간 이어진 대규모 투자 등으로 쌓인 부채를 감당하지 못해 결국 2022년과 2023년 분기 적자를 기록하게 되고 팻 겔싱어 CEO는 취임 4년 만에 퇴임하고 맙니다.

여기까지 보면 인텔은 전혀 투자가치가 없는 기업 같지만 팻 겔싱어가 뿌린 파운드리 씨앗 덕분에 인텔은 결국 살아날 수 있는 절호의 기회를 잡게 되었습니다.

인텔의 실패는 곧 미국의 실패

2022년 바이든 정부에서는 미국 내 반도체 제조 시설과 R&D 투자를 장려하기 위해 '반도체 지원법(Chips Act)'을 제정하고 상당한 규모의 자금을 반도체 기업에 지원합니다. 미국 반도체 산업의 핵심이었던 인텔은 단연 최대 수혜자로 부상했는데, 이는 인텔이 확장하고 있던 파운드리 사업 때문이었죠.

미국은 중국과의 패권 경쟁에서 반도체 수급에 상당한 취약성이 있음을 깨달았습니다. 최첨단 반도체 생산이 거의 대부분 대만의 TSMC에서 이루어지고 있기 때문입니다. 대만은 중국과의 지정학적 분쟁의 핵심이었고, 중국과의 마찰이 확산될 경우 미국의 최첨단 반도체 수급은 상당한 차질이 생길 것이 분명했습니다. 이에 TSMC를 대체할 미국의 파운드리 기업이 필요했는데, 그게 바로 인텔이었던 것이죠.

2025년 8월 트럼프 2기 정부에서는 인텔에 지급할 일부 보조금을 정부 소유의 지분으로 전환해 약 10%의 인텔 주식을 정부가 직접 보유하게 됩니다. 일각에서는 자본주의에 반하는 국영기업화라고 비난했지만, 미국 정부의 반도체 생산 자립에 대한 굳은 의지가 드러나는 대목이라고 볼 수 있으며, 인텔이 미국의 국가전략자산이 되었음을 반증하는 것입니다.

다시 '최초'에 도전

지금까지 전 세계적으로 5나노미터 이하 공정을 상용화한 파운드리 기업은 TSMC와 삼성전자가 유일합니다. 그런데 2025년 3월 새로 부임한 립부 탄(Lip-Bu Tan) CEO가 정부의 투자가 있은 몇 달 후 2나노미터급 최첨단 공정의 반도체 양산을 발표했습니다. 이는 TSMC, 삼성전자보다 한 발 빠른 양산으로 투자자들을 놀라게 했습니다. 양산의 핵심은 대량생산 능력과 수율, 안정적인 고객 확보라 아직 100% 성공했다고는 할 수 없지만, 본격적인 양산을 시작할 경우 단번에 세계 3위 안에 드는 파운드리 기업으로 올라설 수 있어 적절한 승부수라고 할 수 있습니다.

현재 대부분의 투자자는 기술이 부족한 인텔이 과연 해낼 수 있을지 의구심을 품고 있습니다. 하지만 미국 정부라는 든든한 뒷배를 보유한 인텔의 경우 실현 가능해 보입니다. 기술적 측면에서는 인텔이 애플, TSMC 등에 협력을 요청한 상황입니다. 일반적인 상식으로 TSMC가 경쟁자인 인텔에 기술을 전수해줄 이유가 전혀 없어 보이지만, 트럼프 대통령의 미국 내 공장 이전 압박을 꾸준히 받아온 TSMC로서는 어느 정도의 기술 전수도 가능해 보입니다.

인텔의 주요 지표(2025년 12월 23일 기준)

인텔(INTC)			(단위: 미국 달러)
52주 신고가/신저가	44.02/17.67	상장 시장	미국
PER(주가수익비율)	630.17	시가총액	1,803억
ROE(자기자본비율)	0.19%	영업이익률	6.28%
배당률	-	순이익률	0.37%

출처: Yahoo Finance, Bloomberg

이와 같은 미국 정부의 모자란 자식 특별과외로 인텔이 2나노미터급 최첨단 공정의 반도체 양산에 성공한다면 미국 정부의 눈치를 볼 수밖에 없는 빅테크 기업들의 수요가 인텔로 몰릴 가능성은 불을 보듯 뻔합니다. 이러한 구조적 수혜를 받는다면 고점 대비 반토막이 나 있는 지금의 인텔 주가는 큰 폭의 상승이 가능하지 않을까요?

| 중국판 엔비디아의 시작, 캠브리콘 |

캠브리콘(Cambricon, 688256.CH)은 중국의 엔비디아, 엔비디아의 경쟁자, 제2의 엔비디아 등 여러 수식어가 따라다니는 중국의 반도체 기업입니다. 물론 실제 기술에서 아직 엔비디아와 견줄 수준은 아니지만 이와 같은 수식어가 붙는 이유는 바로 그 가능성 때문일 것입니다. 또한 트럼프 대통령의 지속적인 엔비디아 칩의 대중국 수출 견제로 AI 산업을 본격적으로 장려해야 하는 중국 입장에서는 캠브리콘의 성장이 절실한 상황이기에 지원하지 않을 수 없다는 점에 많은 투자자들이 집중하고 있습니다.

캠브리콘은 2016년 천원지(Chen Yunji), 천텐스(Chen Tianshi) 두 형제가 중국과학원에서 진행한 프로젝트를 기반으로 창업한 기업입니다. 캠브리콘은 여타 스타트업과는 다르게 빠르게 매출을 달성했습니다. 그 이유는 바로 창업자들을 비롯한 연구진이 말 그대로 순수 연구에 미쳐 있었기 때문이죠. 천텐스 CEO는 종종 "우리는 스타트업을 위해 창업한 것이 아니다"라는 말을 했는데, 이는 스타트업을 통해 돈을 벌고 상장하

그림 10 캠브리콘의 창업자 천원지와 천톈스

출처: https://finance.yahoo.com/news/meet-cambricon-2-genius-
brothers-093000035.html

는 등 상업적인 목적보다는 순수 연구에 목적이 있다는 것을 피력하는
것이있습니다.

실제로 캠브리콘은 설립 3년 만에 200건이 넘는 특허를 출원했고,
2016년 말 첫 번째 상용화 딥러닝 프로세서인 캠브리콘 1A 칩 개발에
성공하는 등 설립 3년 만인 2019년 4억 4,400만 위안의 매출을 달성하
였습니다.

중국 빅테크 기업들의 이합집산

중국의 1호 AI 칩을 만들어 낸 캠브리콘은 사업 영역을 클라우드 데이
터센터로 확대했습니다. 2018년 MLU(Machine Learning Unit)라는 이름의
클라우드 AI 프로세서 로드맵을 공개하고, 같은 해 MUL100 칩을 선보
이며 서버 시장에 본격적으로 진출했습니다. 이와 같은 본격적인 확장
으로 화웨이, 알리바바 등 중국 빅테크 기업들이 자사 반도체 개발과 동

시에 캠브리콘의 반도체를 사용하기 시작했습니다. 현재 중국의 AI 관련 기업에서 빼놓을 수 없는 글로벌 AI 음성·문자인식 솔루션 기업 아이플라이텍(iFlytek)도 캠브리콘의 초기 고객 중 하나로 자리매김했습니다. 이로써 캠브리콘은 중국 AI 인프라 생태계의 중심에 자리하게 되었습니다.

이와 같은 거침없는 행보는 2020년 7월 캠브리콘이 중국 과학창업판(중국판 나스닥으로 불리는 상하이증권거래소 산하의 혁신 기업 전용 주식시장)에 상장하면서 절정에 달했는데, 상장 첫날 무려 230% 폭등하며 화려한 데뷔를 한 것이죠. 상장을 통해 25억 위안(약 3,700억 원)을 조달한 캠브리콘은 클라우드와 엣지 컴퓨팅 부문의 연구개발에 총력을 쏟아부었습니다. 현재는 AI 분야에 하드웨어와 소프트웨어를 총망라하는 기업이 되었으며, 바로 이러한 부분이 엔비디아와 비슷하다고 할 수 있습니다.

중국 기술자립의 선봉

2025년 10월 중순, 중국이 2026년부터 진행할 15차 5개년 계획의 윤곽이 드러났습니다. 모두가 예상했듯 AI, 로봇, 자율주행, UAM(도심항공교통) 등에 대한 지원이 주된 내용이었는데, 모든 내용을 관통하는 핵심은 역시 기술자립이었습니다. 이에 향후 캠브리콘의 역할이 더욱 중요해졌고, 정부에서도 직·간접적인 대규모 지원에 나설 것은 너무나 명확한 일입니다.

중국 정부는 일찌감치 정부와 관련된 사업과 군사, 안보 등의 산업에서는 자국산 반도체를 사용하도록 독려하고 있는데, 이를 반증하듯 2024년 네이멍구의 국가 데이터센터에서 캠브리콘의 MLU370 반도체

1,200만 개를 한꺼번에 주문하기도 했습니다.

바이든 정부 때부터 미국은 꾸준히 엔비디아 반도체의 대중국 수출을 제재해왔지만 엔비디아는 저사양 반도체를 만들어 이에 대응해왔습니다. 미국이 제재할 때마다 중국의 반도체 산업은 상당한 영향을 받았고, 엔비디아의 주가도 하락하는 등 변동을 보였습니다. 그런데 2025년 하반기 들어서는 중국에서 엔비디아 반도체를 쓰지 않겠다는 이야기를 공공연히 하고 있습니다. 물론 2026년 들어 일부 산업에 대해서는 사용하겠다는 태도를 보이고 있으나, 이런 반응 자체가 중국 정부의 반도체 자립에 대한 자신감을 보여주는 것이라고 볼 수도 있습니다. 그 선봉장에는 단연 캠브리콘이 있습니다. 기술적 측면에서는 아직 엔비디아와 상당 부분 격차가 있지만 CEO를 포함한 연구진의 연구와 중국 정부의 자금적인 지원에 힘입어 빠른 시일 내에 성장할 가능성이 높다고 예상되는 기업 중 하나입니다.

캠브리콘은 우리나라 개인투자자들이 투자할 수 없는 과학창업판에 상장되어 있지만, 최근 중국 증시의 흐름으로 봤을 때 홍콩 증시 동시 상장도 기대해볼 수 있습니다. 또한 일부 증권사들의 신탁 상품이나 ETF

캠브리콘의 주요 지표(2025년 12월 23일 기준)

캠브리콘(688256)			(단위: 중국 위안)
52주 신고가/신서가	1,595.88/520.67	상장 시장	중국 과학창업판
PER(주가수익비율)	286.43%	시가총액	5,417억
ROE(자기자본비율)	22.80%	영업이익률	55.60%
배당률	-	순이익률	-

출처: Yahoo Finance, Bloomberg

를 통해 직·간접적으로 투자할 수도 있으니 중국 반도체를 대표하는 기업으로 향후 행보를 관심있게 지켜봐야 할 것입니다.

| 중국판 램 리서치, 나우라 테크놀로지 |

나우라 테크놀로지(NAURA Technology, 002371.CH)는 2001년 중국 베이징에 설립된 베이징 칠성전자(Beijing Sevenstar Electronics)를 전신으로 하는 반도체 장비 제조 기업입니다. 초기에는 포토리소그래피, 에칭시스템 등의 반도체 생산 장비에 특화되어 있었지만, 2016~17년 베이징 북방미전자(Beijing North Microelectronics)와 합병하며 증착, 진공 장비까지 제품군을 확대해 반도체 전 공정의 커버가 가능해졌습니다. 이와 같은 제품군 확대가 중국 정부의 반도체 굴기 정책과 맞아떨어지며 중국 반도체 굴기를 대표하는 기업 중 하나로 자리 잡게 되었습니다.

나우라는 에칭(etching)과 증착(deposition) 장비 방면에 강점을 보유하고 있어 왕왕 중국판 램 리서치라 불리기도 합니다. 물론 아직 나우라의 반도체 장비 수준이 램 리서치만큼 올라온 것은 아니지만 매년 매출의 15~20%를 R&D에 투입하며 빠르게 기술을 발전시키기 위해 노력하고 있습니다. 이에 지금은 중국 내 1위, 전 세계 6위의 반도체 장비 생산 기업이 되었고 향후 주목해봐야 할 기업으로 예상됩니다.

미국 장비 수입 제한과 기회
2017~2019년 사이 미중 무역 분쟁이 심각해지면서 중국 기업들의 미

그림 11 반도체 장비 기업의 R&D 지출 비교

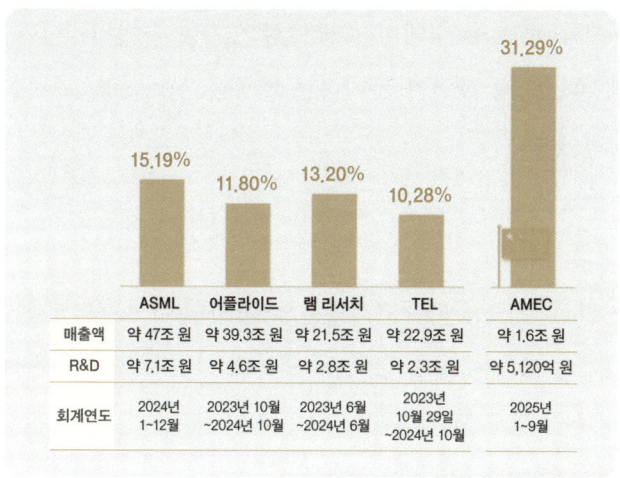

	ASML	어플라이드	램 리서치	TEL	AMEC
매출액	약 47조 원	약 39.3조 원	약 21.5조 원	약 22.9조 원	약 1.6조 원
R&D	약 7.1조 원	약 4.6조 원	약 2.8조 원	약 2.3조 원	약 5,120억 원
회계연도	2024년 1~12월	2023년 10월 ~2024년 10월	2023년 6월 ~2024년 6월	2023년 10월 29일 ~2024년 10월	2025년 1~9월

출처: Chosun Biz

국산 반도체 장비 수입이 제한되기 시작했습니다. 당시 중국 반도체 장비 기업들의 기술이 뛰어난 것은 아니었지만, 다른 선택을 할 수 없었던 중국 기업들의 수요가 중국 반도체 장비 기업으로 쏠리며 수혜 아닌 수혜를 받게 되었습니다. 게다가 중국 정부에서도 정부 보조금 지급과 펀드 조성을 통한 투자 확대로 나우라와 같은 중국 반도체 장비 기업들이 R&D에 더 집중할 수 있는 환경을 조성해주었습니다.

미국의 반도체 제재가 시작되고 2024년까지는 중국 반도체 산업의 암흑기라고 할 정도로 조용했습니다. 당시에도 중국 정부는 반도체 자립을 외쳤지만 아무도 이를 믿는 사람이 없었고, 실제로 미국의 반도체 제재가 있을 때마다 중국 반도체 관련 주식들의 주가는 크게 흔들렸습니다. 하지만 이 시간 동안 나우라는 R&D에 집중하며 반도체 장비의 수준을 끌어올리는데 집중했고 2024년부터 그 결과가 드러나기 시작했습니다.

2024년 나우라는 매출 298억 3,800만 위안, 순이익은 56억 2,000만 위안으로 모두 전년 동기 대비 40% 이상 증가한 수치였습니다. 또한 전체 매출에서 반도체 장비가 차지하는 비중은 무려 80% 가까이 차지할 정도로 성장했습니다.

안정적인 고객 확보

나우라는 실적 보고서에도 고객명을 밝히지 않아 특정 고객명과 매출 비중을 명확히 하기는 어렵지만, 뉴스 등의 자료를 통해 취합해봤을 때 SMIC, 화홍반도체, YMTC 등 중국 내 주요 파운드리 업체에는 모두 제품을 공급하고 있는 것으로 추정됩니다.

그중 가장 큰 고객은 역시 중국 첨단 칩 제조 1위인 SMIC이고 YMTC, 화홍반도체 등은 나우라의 장비를 활용해 28나노미터 이상의 공정을 진행하고 있습니다. 해외 고객으로는 TSMC, 삼성전자, 인텔 등이 언급되지만 미국의 제재가 언제 이루어질지 몰라 중국 내 매출만 고려해 판단하는 것이 좋습니다. 마찬가지로 화홍반도체도 나우라의 장비를 쓰는 것을 보면 첨단 반도체는 아니더라도 기존의 반도체 제조에는 전혀 문제가 없는 수준으로 올라왔다고 생각할 수 있습니다.

나우라의 해외 고객은 언제 미국의 수출 제재가 있을지 모른다는 불안감이 있지만 기업 자체만 놓고 봤을 때는 중국 내에서 아주 탄탄한 고객들을 확보해 안정적인 매출 성장이 가능한 기업입니다.

중국 반도체 장비 업체의 희망

중국 반도체 기업이 전 세계 유수의 반도체 기업들과 비견할 수 있다면

나우라 테크놀로지의 주요 지표(2025년 12월 23일 기준)

나우라 테크놀로지(002371)			(단위: 중국 위안)
52주 신고가/신저가	473.66/275.222	상장 시장	중국
PER(주가수익비율)	53.38	시가총액	3,369억
ROE(자기자본비율)	19.30%	영업이익률	41.00%
배당률	0.17%	순이익률	17.10%

출처: Yahoo Finance, Bloomberg

그건 분명 거짓말일 것입니다. 하지만 중요한 것은 향후 중국의 생존에 꼭 필요하다는 사실입니다. 쥐도 궁지에 몰리면 고양이를 물듯이 미국과의 패권 경쟁이 동맹국들을 통한 전방위적 압박으로 이어지는 현 상황에서 중국은 이를 악물고 반도체 자립에 나설 수밖에 없습니다.

물론 악으로 깡으로만 될 수 있는 것은 아닙니다. 하지만 중국 정부의 반도체 펀드 조성을 위한 무한에 가까운 지원과 미국에서 공부하고 현장에서 일하다 돌아온 인재들이 힘을 모으면 어떤 결과물이 나올지는 아무도 모릅니다. 현재 전 세계 반도체 산업이 가고 있는 노선과 다른 노선으로 AI 시대에 적응하는 길이 열린다면 아무도 상상하지 못한 미래가 펼쳐질 가능성도 있다고 생각해야 할 것입니다.

AI를 움직이는 절대 반지, 에너지

| 세상에서 가장 예쁜 원전, 오클로 |

오클로(OKLO.US)가 그리는 소형 원전은 남다릅니다. 우리가 흔히 생각하는 전통 원전과 같이 어마어마한 규모와 압도적인 스케일이 아니라 마치 숲속의 미래형 오두막 같은 모습입니다. 아기자기한 규모 같지만 오두막 안에는 한번 가동되면 10년은 꺼지지 않을 최첨단 기술의 소형 원자로가 들어갈 예정입니다.

오클로의 소형 원자로 한 기는 15~50MW(메가와트) 규모의 전력을 생산할 수 있을 것으로 예상되는데, 이는 작은 마을 또는 대형 데이터센터 하나를 운영할 수 있는 정도의 전력입니다. 이와 같은 소형 원자로가 무슨 필요가 있을까 싶지만, AI 연산 수요 증가로 데이터센터가 급증하며 그 중요도 또한 부각되고 있습니다.

AI로 인한 전력 부족이 대체 어느 정도일까?

2024년 기준으로 전 세계 데이터센터에서 사용한 전력은 약 4,150억 kWh(킬로와트시)입니다. 이는 전 세계 전기 사용량의 약 1.5%에 달하는 엄청난 양입니다. 데이터센터의 사용 전력은 최근 5년 동안 매년 약 12%씩 증가했는데, 일반적인 전력 소비 증가가 매년 약 3%라는 것을 감안하면 그 증가세가 엄청나게 빠르다는 것을 알 수 있습니다. 현재 시설로는 증가세를 도저히 감당할 수 없다는 것이죠.

AI 발전이 가장 빠르게 진행됐던 미국만 놓고 보면 그 심각성은 더욱 뚜렷합니다. 2024년 미국 내 데이터센터 전력 사용량은 약 1,830억 kWh로 미국 전체 전력 사용량의 약 4%를 차지했습니다. 국제에너지기구는 2030년까지 데이터센터의 전력 사용량이 130% 넘게 증가할 것으로 예상하고 있습니다. 이는 지금과 같은 추세대로 성장할 경우를 예상하는 것이고, 데이터센터의 증설이 지금보다 많아질 경우에는 얼마나 더 커질지 알 수 없는 상황입니다.

미국 내 13개 주의 전력망을 관할하는 미국 최대 송배전망 회사인 PJM은 최근 몇 년간 노후된 석탄, 가스 발전소가 조기 폐쇄됐는데, 데이터센터 급증으로 인한 전력 소비가 증가하면서 수요가 공급을 앞지르게 되었다고 밝히기도 했는데요. 공급 부족으로 2024년 전력용량 경매에서 가격이 전년 대비 800% 폭등하는 사태까지 벌어지기도 했습니다. 그야말로 끌어다 쓸 수 있는 모든 전력을 끌어와야 하는 상황입니다.

전력 부족의 구원자 초소형 원전

대형 원자로의 경우 도시 전체에 전력을 공급할 정도로 규모가 크지만,

그림 12 오클로가 그리는 초소형 원전

초소형 원자로는 컨테이너박스가 몇 개 모여 있는 정도의 규모로 대형 원자로 대비 규모가 상당히 작습니다. 하지만 엄청난 효율을 낼 수 있죠.

일반적으로 우라늄은 에너지 밀도가 높아 손톱만 한 크기로도 기름 600리터에 맞먹는 에너지를 발생시킬 수 있을 정도로 강력합니다. 그래서 초소형 원자로만으로도 엄청난 전력을 생산할 수 있고 한 번 가동되면 10~20년은 멈출 걱정 없이 에너지를 공급할 수 있습니다. 또한 태양광이나 풍력으로 대표되는 신재생에너지 대비 365일 24시간 내내 운영할 수 있다는 장점을 가지고 있습니다.

그동안 기술적인 면의 문제도 있었지만 지금까지의 전력원은 대부분 대도시 위주로 운영되다 보니 크게 각광받지 못한 것이 사실입니다. 하지만 지금과 같은 AI 고속 성장기에는 데이터센터별로 에너지를 공급할 수 있어 아주 유용하게 사용될 것이며 그 수요 또한 폭발적일 것으로 예상됩니다.

오클로가 그리는 미래와 리스크

오클로가 주목받는 이유는 단순히 디자인이 예뻐서만은 아닙니다. 그들이 그리는 미래의 핵심에는 핵연료 재활용이 포함되어 있습니다. 오클로의 원자로 오로라(Aurora)는 기존 원전에서 사용하고 남은 방사성 폐기물을 연료로 재사용할 수 있도록 설계되었습니다. 골칫덩이인 핵폐기물을 다시 에너지원으로 바꿔 탄소 제로와 폐기물 감소라는 두 마리 토끼를 동시에 잡겠다는 비전입니다.

또한 오클로는 원전을 지어주는 건설사가 아닌, 전력을 파는 에너지기업을 지향합니다. 마치 정수기를 렌털하듯 데이터센터 옆에 원자로를 설치하고 운영까지 도맡으며 전기요금을 받는 구독형 모델을 꿈꾸고 있습니다. ChatGPT의 아버지라 불리는 샘 알트먼(Sam Altman)이 오클로 이사회 의장으로 참여하고 있는 이유도 이 때문입니다. AI 제국을 건설하기 위해 가장 시급한 '무한한 청정 에너지'의 해답을 바로 이곳에서 찾았기 때문입니다.

하지만 장밋빛 미래 뒤에는 규제의 벽과 연료 수급 등 냉정한 현실도 존재합니다. 가장 큰 리스크는 규제입니다. 원자력 산업은 안전이 최우선인 만큼 인허가 과정이 매우 까다롭습니다. 실제로 오클로는 2022년 미국 원자력규제위원회(NRC)로부터 설계 인허가 신청을 한 차례 거절당한 뼈아픈 경험이 있습니다. 안정성을 완벽하게 입증하고 규제 당국의 문턱을 넘는 과정은 예상보다 훨씬 길고 험난할 수 있습니다.

또 다른 문제는 연료 공급망입니다. 오클로가 사용하는 고순도 저농축 우라늄(HALEU)은 현재 상용화된 공급망이 부족한 실정입니다. 러시아 의존도를 줄이고 미국 내 자체 공급망을 구축해야 하는 과제가 남아

오클로의 주요 지표(2025년 12월 23일 기준)

오클로(OKLO)			(단위: 미국 달러)
52주 신고가/신저가	193.84/17.14	상장 시장	미국
PER(주가수익비율)	–	시가총액	136.6억
ROE(자기자본비율)	–	영업이익률	–
배당률	–	순이익률	–

출처: Yahoo Finance, Bloomberg

있으며, 이는 초기 비용 상승과 가동 지연으로 이어질 수 있는 불안 요소입니다. 결국 오클로는 '세상에서 가장 예쁜 원전'이라는 혁신적인 디자인 속에 '가장 안전하고 경제적인 기술'을 증명해야 하는 무거운 과제를 안고 있습니다. AI 시대의 폭발적인 전력 수요라는 순풍을 탄 오클로가 규제와 기술의 파고를 넘어 진정한 에너지 혁명을 이룰 수 있을지 투자자라면 관심있게 지켜볼 필요가 있습니다.

| 끊임없이 달리는 보조배터리, 블룸에너지 |

전 세계 AI 패권 경쟁의 승패를 좌우하는 키(Key)는 전력입니다. 기존의 전력을 활용해 쓰는 것도 한계가 있고, 새로운 전력원을 만들자니 오랜 시간이 걸립니다. 이와 같은 상황에서 기가막힌 솔루션을 제공하는 회사가 바로 블룸에너지(Bloom Energy, BE.US)입니다. 블룸에너지는 고체 산화물 연료전지(SOFC) 기반의 블룸에너지 서버를 통해 데이터센터 바로 옆에서 전력을 제공합니다. 한마디로 우리가 흔히 사용하는 스마트폰의 보조배터리가 어디서든 손쉽게 스마트폰을 충전할 수 있는 휴대성과 보조배터리 충전 필요없이 무한충전이 가능하다고 생각하면 이해가 빠를 것 같습니다.

NASA에서 가져온 친환경 기술

블룸에너지의 창업자 K. R. 스리다르(K. R. Sridhar)는 과거 미국 항공우주국(이하 NASA)의 화성 탐사 프로젝트에서 연료전지 기술을 연구하던 과학자였습니다. 산소가 없는 화성에서 인류가 정착하기 위해서는 산소의 인위적인 공급이 필요했고, 연구를 거듭해 화성의 대기 가스로부터 산소를 만들어 내는 장치를 개발하기에 이릅니다.

NASA에서 시작된 혁신적인 기술을 지구에 접목해 에너지 문제를 해결하고자 했던 그의 노력이 지금 AI 붐과 함께 날개를 달기 시작했습니다. 여기서 중요한 것은 외부 전력망과 긴 송전선 없이도 전기를 생산할 수 있다는 점입니다. 외부 전력망 공급을 위해 송전선을 연결하는 과정이 상당히 오래 걸리기 때문에 현재 미국의 데이터센터 전력 부족 현상이 발생했던 것입니다. 스리다르가 개발한 장치는 전기화학 반응만으로 전력을 공급하기 때문에 환경오염에 대한 우려가 거의 없는 친환경 기술로 빅테크 기업들의 러브콜을 받고 있습니다.

수요가 있는 곳에 바로 짓는다

태양광, 풍력, 원자력 등 대부분의 전력은 생산을 위해 들판, 산 정상, 해안가 등 도심과 다소 떨어져 있는 곳에 발전소를 건설해야 한다는 특징이 있습니다. 사용을 위해서는 발전소에서 전력을 끌어와야 하는데 이

때 송전선, 변전소 등의 인프라가 반드시 필요하기도 하죠. 이와 같은 인프라는 지역사회의 반대를 설득한 후에 설치까지 해야 하는데, 이 시간이 길면 10년까지도 소요됩니다. 급증하는 수요를 감당하는 건 당연히 부족합니다.

블룸에너지는 데이터센터 내부 또는 인근에 설치해 운영되기 때문에 이러한 문제를 즉시 해결할 수 있습니다. 또한 블룸에너지 서버는 모듈식이기 때문에 데이터센터의 건설과 병행하여 구축이 가능합니다. 이와 같은 강점 덕분에 향후 전 세계 데이터센터의 30% 이상이 블룸에너지와 같은 온사이트 발전원을 사용할 것으로 예상됩니다.

또 다른 강점으로는 전력 공급의 안정성에 있습니다. 데이터센터는 한 순간도 전력이 끊기면 안 되는 시설입니다. 블룸에너지 서버는 중요한 부품들이 이중 구조로 되어 있어 장애가 발생하더라도 전력 공급이 지속된다는 큰 장점을 보유하고 있습니다.

주요 빅테크 기업들의 선택

블룸에너지 서버는 이미 수많은 빅테크 기업들이 사용하고 있습니다. 가장 대표적인 기업이 전 세계 데이터센터를 운영하는 에퀴닉스(Equinix)입니다. 2015년부터 사용하기 시작해 2025년 기준으로는 미국 내 19개 데이터센터에서 블룸에너지의 서버를 사용하고 있으며, 현재는 30MW 규모의 서버를 건설 중으로 이는 단일 기업으로는 가장 규모가 큰 블룸에너지 서버 도입 사례입니다.

애플도 블룸에너지의 전력을 사용하고 있습니다. 애플은 iCloud 서비스에 활용되는 데이터센터를 친환경 에너지를 이용해 운영하는 것으로 유명한데, 미국 노스캐롤라이나주의 데이터센터 전력 공급에 블룸에너지의 연료전지 100여 대를 사용하고 있습니다. 이 외에도 미국 전력회사인 아메리칸 일렉트릭 파워(American Electric Power)와 연료 전지 증설 계약을 맺는가 하면, AI GPU 클라우드 서비스를 제공하는 스타트업 코어위브(CoreWeave)와도 공급 계약을 맺는 등 빅테크, 전력회사, 스타트업 등 AI와 관련된 다양한 기업들과 손잡고 사업 영역을 무섭게 확장하고 있습니다.

데이터센터의 장애물을 해결할 중요한 열쇠

불과 몇 년 전까지만 해도 업계 사람들 외에는 알지 못했던 블룸에너지는 이제 미국 주식 투자자라면 많이 들었을 정도로 유명해졌고, 온사이트 연료전지 하면 블룸에너지를 떠올릴 정도로 투자자들에게 각인되었습니다. 20년 동안 연료전지 하나만 연구한 끝에 1,000건이 넘는 특허를 보유하고 있고, 이미 1GW가 넘는 전력 설비를 공급했기 때문에 데이터 활용 면에서도 경쟁자를 압도하는 위치에 올랐습니다.

더욱 중요한 점은 데이터센터 관련 매출이 급증하고 있다는 것입니

블룸에너지의 주요 지표(2025년 12월 23일 기준)

블룸에너지(BE)			(단위: 미국 달러)
52주 신고가/신저가	147.86/15.15	상장 시장	미국
PER(주가수익비율)	1187.25	시가총액	224.6억
ROE(자기자본비율)	2.93%	영업이익률	1.51%
배당률	-	순이익률	0.84%

출처: Yahoo Finance, Bloomberg

다. 이에 힘입어 2024년에는 매출 14억 달러를 달성했으며, 2025년에는 약 20억 달러의 기록적인 매출을 달성하기도 했습니다. 또한 유수의 기업들과 맺은 20년 이상의 장기 서비스 계약이 증가하면서 반복수익이 늘어나고 있어 안정적인 매출 증가세가 이어질 것으로 예상됩니다.

| 왕자의 게임에서 승리한, 론지 그린에너지 |

HBO의 유명 시리즈 〈왕좌의 게임〉을 본 사람이라면 "Winter is coming"이라는 대사가 주는 무게감을 잘 알고 있을 것입니다. 2020년 이후 중국 태양광 업계에도 말 그대로 겨울이 찾아왔고 긴 역경 끝에 승자가 재편되었습니다.

오랜 시간 동안 중국은 저가 경쟁력과 기술력을 바탕으로 전 세계 태양광 시장을 석권했습니다. 이에 수백 개에 달하는 기업들이 탄생했고, 론지 그린에너지(LONGi Green Energy, 601012.SH), 징코솔라(Jinko Solar), JA솔라(JA Solar) 등을 필두로 5개의 태양광 업계가 상위권을 장악하게 되었습니다.

2020년 들어 미중 무역 분쟁이 격화되면서 중국 태양광 기업들의 해외시장 접근이 어려워지고 수출길이 막히기 시작했습니다. 더욱 엄혹한 추위는 2021년 당시 전 세계적인 신재생에너지 확대 정책으로 태양광 수요가 급증하면서 폴리실리콘 가격이 급등하자 중국 내 수많은 폴리실리콘 신규 공장이 생겨났고 그로 인해 폴리실리콘 가격은 고점 대비 70%가량 폭락하고 맙니다. 수출길이 막힌 태양광 기업들이 원가가 낮아지자 본격적으로 가격 전쟁을 시작한 것입니다.

중국 내외에서 론지 그린에너지를 포함한 상위 5대 기업이 가격 경쟁을 시작하며 태양광 제품 가격이 급락하기 시작했습니다. 이와 같은 결과로 2024년까지 40개가 넘는 중국의 태양광 기업이 도산하게 되었고, 론지 그린에너지와 같은 상위권 태양광 기업들도 인력의 약 30%를 감축하는 등 상당한 손실과 침체가 길게 이어졌습니다.

하지만 최근 AI 산업의 발전으로 에너지 병목 현상이 발생하자 바로 쓸 수 있는 모듈식 전력, 원전뿐만 아니라 신재생에너지까지도 도입이 시급해지면서 상황이 개선되고 있습니다. 또한 가장 문제가 됐던 가격 경쟁도 중국 정부의 과잉경쟁 방지 개입으로 마무리되고 있습니다. 이에 론지 그린에너지를 비롯한 대형 태양광 기업들은 혹독한 겨울을 견디내고 수많은 경쟁자가 사라진 벌판에서 이제는 봄을 기다리는 형상이 되었습니다.

겨울을 이겨낸 원동력, 기술력!

론지 그린에너지가 살아남기 위해 펼친 전략은 기술력 향상입니다. 하지만 2024년 적자전환까지 했던 상황에서 지속적으로 기술 개발에 자금을 투입한다는 것은 쉬운 일이 아니었습니다.

일반적으로 태양광의 원료인 폴리실리콘을 가공할 때 단결정과 다결정을 선택할 수 있습니다. 다결정은 공정이 단순해 단결정 대비 효율은 다소 떨어지지만 가격이 저렴합니다. 반면 단결정은 다결정 대비 공정이 다소 복잡하고 가격이 비싼 대신 효율이 높아 작은 면적 설치가 가능합니다. 이런 특성으로 가정용으로 많이 사용됩니다. 태양광 산업 초기

그림 13 태양광 패널 제작 과정

폴리실리콘

단결정 잉곳 단결정 웨이퍼 단결정 태양전지 단결정 태양모듈

다결정 잉곳 다결정 웨이퍼 다결정 태양전지 다결정 태양모듈

태양광 발전시스템

에는 당연히 다결정을 기반으로 한 제품이 더 많이 판매되었습니다. 이런 산업의 흐름에도 론지 그린에너지는 단결정 제품으로 시작했습니다. 다소 판매가 부진하더라도 효율이 뛰어난 제품으로 승부를 보겠다는 의지였습니다.

최근 론지 그린에너지는 차세대 소재인 탠덤 태양전지(2개 이상의 태양전지를 적층해 효율을 극대화한 구조) 개발에 몰두하고 있으며, 현재 이 분야에서 세계 최고의 효율을 기록하고 있어 기술적 우위를 점하고 있습니다. 실질적인 상용화에 성공한다면 다시 한 번 업계를 선도하며 한발짝 앞으로 나아갈 것으로 전망됩니다.

론지 그린에너지는 2025년 11월 ESS(Energy Storage System, 에너지 저장 시스템) 사업 진출을 공식화했습니다. 이를 위해 론지 그린에너지는 기존에 ESS 사업을 영위하고 있는 포티스엣지(이하 PotisEdge)를 인수해 바로 사업에 뛰어들 수 있도록 준비를 마쳤습니다. PotisEdge는 리튬이온 배터리 기반 ESS 제공 업체로 상업용, 산업용, 주택용 ESS 제품을 폭넓게 제공하고 있고, 자체 R&D 역량과 특허 344건을 보유하고 있을 정도로 사업이 안정된 기업입니다.

　ESS 산업은 중국을 포함해 전 세계적으로 그 수요가 폭발적으로 증가하고 있습니다. 이번 PotisEdge 인수를 통해 론지 그린에너지는 전 세계 160개국 채널에 태양광과 ESS를 결합한 솔루션을 제공함으로써 시너지 효과를 거둘 수 있을 것으로 예상됩니다.

여전히 진행중인 신재생에너지 확대 추세

신재생에너지는 최근 AI 데이터센터 확대로 인한 에너지 부족과 트럼프 대통령의 화석연료 지지 등으로 잠시 주춤한 것처럼 보이지만 여전히 전 세계적인 확대 추세에 있습니다.

　유럽연합은 그린딜과 REPowerEU 정책하에 꾸준히 풍력 및 태양광 설치를 확대하고 있으며, 2024년에는 전체 생산 전력의 약 28%를 풍력 및 태양광 에너지로 공급하기도 했습니다. 유럽연합의 경우 2022년 러시아-우크라이나 전쟁 발발 후 러시아의 천연가스 공급 중단으로 오히려 재생에너지 전환이 가속화되어 2023년 재생에너지 설비 증설량은 최대를 기록했고, 2024년 태양광 설치도 큰 폭으로 증가했습니다.

　중국은 말할 것도 없이 전 세계 최대 재생에너지 설치 시장으로 발전했는데, 2023년 태양광 설비 216.9GW를 설치했고 2024년에는 전년의 설치 용량을 뛰어넘는 277GW의 태양광 설비를 설치해 매년 신기록을 경신하고 있습니다. 론지 그린에너지의 경우 중국에서는 이미 태양광 상위권 기업으로 자리 잡았을 뿐만 아니라 미국 및 유럽으로 확장하고 있어 전 세계 신재생에너지 확대 추세에 수혜를 받을 것으로 예상됩니다. 특히 유럽에서는 고효율 제품을 더 많이 판매하기 위해 유럽 현지에 최종 모듈 조립 시설을 구축하거나 현지 기업과 제휴해 친환경 공장을 세우는 등의 전략을 펼치고 있습니다.

AI 데이터센터발 전력 부족으로 열린 새로운 시장

AI 산업의 급성장으로 초대형 데이터센터의 수요가 급증하며 전력 부족 현상이 심화된 것이 태양광 산업에 또 하나의 기회가 되고 있습니다. 물론 가장 먼저 적용 가능한 화석연료 수요가 급증했지만, 화석연료의 사용은 비용이나 환경오염 측면에서 한계가 있고 탄소중립 경영을 표방하고 있는 IT 기업들이 무분별하게 화석연료만 선택하기에는 무리가 있습니다. 이에 반대급부로 떠오르고 있는 것이 신재생에너지이고 2년 내 신규 발전소 건설이 가능한 태양광 에너지가 각광받고 있습니다.

실제로 마이크로소프트와 구글 등 글로벌 빅테크 기업들의 재생에너지 전력구매계약이 쏟아지고 있습니다. 마이크로소프트는 2024년 신규 태양광 발전소 3곳과 전력구매계약을 맺었고, 구글도 2025년 11월 미국 오하이오주에 있는 데이터센터의 전력 공급을 위해 프랑스 토털에너지와 태양광 전력구매계약을 체결했습니다.

론지 그린에너지의 주요 지표(2025년 12월 23일 기준)

론지 그린에너지(601012)			(단위: 중국 위안)
52주 신고가/신저가	23.57/14.01	상장 시장	중국
PER(주가수익비율)	-	시가총액	1,372억
ROE(자기자본비율)	-	영업이익률	2.80%
배당률	-	순이익률	-

출처: Yahoo Finance, Bloomberg

기존에 전 세계적인 신재생에너지 확대 추세가 이어져 오고 있었지만, AI 데이터센터 급증으로 인한 에너지 부족 현상으로 신재생에너지 확대 추세가 가속화되면서 중국의 론지 그린에너지에게도 큰 기회가 될 것으로 예상됩니다.

| 피하려야 피할 수 없는 CATL |

CATL(300750.SH, 3750.HK)은 전 세계 전기차 배터리 시장점유율 38%의 1위 기업으로 2위인 BYD(15%)와 비교해도 그 격차가 상당합니다. 전 세계 거의 모든 완성차 기업들이 CATL과 거래하고 있다고 할 수 있는데, 테슬라, 폭스바겐, BMW, 벤츠, 현대자동차, 스텔란티스 등 글로벌 기업 외에도 니오, 샤오펑, 길리, 상하이GM, 장성자동차 등 중국 대부분의 완성차 업체도 CATL과 거래하고 있을 정도라 CATL을 빼고는 전기차를 이야기하기 힘들다고 할 수 있습니다.

BYD가 열어준 CATL의 길

CATL을 지금의 자리에 있게 해준 것은 아이러니하게도 BYD입니다. CATL과 BYD는 비슷한 시기에 배터리 사업을 시작했는데 2010년 중반에 들어서 BYD는 자사 전기차에 필요한 모든 배터리를 자체 생산하기로 결정하면서 배터리의 외부 판매를 전면 중단했습니다. 이에 BYD를 제외한 모든 전기차 업체들은 새로운 배터리 공급처를 찾아야 했고, 유일한 대안으로 CATL이 급부상하며 모든 수요를 흡수한 것입니다.

2015년 이후 집중적으로 시행된 중국 정부의 보조금 정책도 CATL에 호의적으로 작용했습니다. 중국 정부는 전기차에 보조금 지급을 시행하며 승용 전기차를 집중 대상으로 지목했습니다. 당시 대부분의 경쟁자들은 전기 버스에 주로 쓰이는 인산철 리튬 기반의 LFP 배터리 생산에 집중되어 있어 보조금 대상에서 벗어난데 반해 CATL은 리튬 코발트 산화물 기반의 NCM(니켈, 코발트, 망간을 더한 양극재)/NCA(니켈, 코발트, 알루미늄을 결합한 양극재) 배터리에 강점을 갖고 있었습니다. 상대적으로 에너지 밀도가 높은 NCM/NCA 배터리가 승용 전기차의 선택을 받으며 CATL의 배터리가 보조금 대상이 되었고 수요는 한층 더 폭발적으로 성장하게 되었습니다. 이와 같은 업계의 변화로 CATL은 2017년 중국 내 전기차 배터리 점유율 1위를 달성하게 되었습니다.

유연성을 보여준 변곡점

CATL은 사업 초기 당시 보편적이었던 LFP 배터리(리튬, 인산, 철 배터리)보다는 다소 개발에 비용과 시간이 소요되더라도 밀도가 높은 삼원계 리튬이온 배터리 개발에 집중했습니다. 그 이후에도 CTP(Cell-to-Pack) 기술에 집중하는 등 차세대 배터리 개발에 집중했습니다.

그런데 2020년 들어 테슬라가 중국산 모델3에 LFP 배터리를 채택하고 BYD에서 '블레이드 배터리(Blade Battery)'라는 혁신적인 LFP 배터리를 내놓자 글로벌 전기차 업체들이 LFP 배터리를 차용하면서 LFP 배터리의 부활 조짐이 보였습니다. 이는 에너지 밀도가 낮아 외면 받았던 LFP 배터리가 저렴한 가격과 낮은 화재 위험 등의 장점이 부각되며 보급형 승용차와 ESS 시장에서 재조명 받았기 때문입니다.

오랜 기간 동안 삼원계 배터리에 주력하던 CATL 입장에서는 다소 당혹스러운 시장의 변화였지만 신속하게 방향을 전환해 LFP 배터리 생산 라인을 구축하고 최적의 LFP 배터리 제조공정을 확보했습니다. 더욱 놀라운 것은 이런 전환으로 CATL이 LFP 배터리 시장점유율 1위를 달성했다는 것입니다.

이와 같은 뚝심과 유연성으로 CATL은 삼원계와 LFP를 모두 갖추게 되면서 고객의 수요에 맞춰 배터리를 제공할 수 있는 기업으로 거듭나게 되었습니다. 예를 들어 고급 전기차에는 삼원계, 보급형에는 LFP를 제공하는 방식으로 모든 수요를 맞출 수 있게 된 것입니다.

수직계열화를 통한 독점

CATL은 배터리를 만드는 것 외에 소재와 재활용 부문도 직접 확보하고 있습니다. 배터리 소재의 경우 리튬, 니켈, 코발트 등 배터리에 필요한 원자재의 광산을 직접 인수하거나 개발 프로젝트에 참여하는 방식으로 다수 확보하고 있습니다. 아프리카 콩고의 거대 구리 및 코발트 광산 키산푸(Kisanfu)의 지분을 25% 보유하고 있으며, 중국 쓰촨성의 한 리튬 광산 지분을 100% 보유하고 있습니다. 이와 같은 소재 확보로 2022년 리튬 가격 폭등으로 업계가 힘들 때 CATL은 잘 버틸 수 있었습니다.

또한 폐배터리에서 리튬, 니켈 등을 회수하는 재활용 사업에까지 확대해 회수한 소재를 다시 사용하여 원가 절감과 ESG까지 챙기고 있습니다. 이와 같은 CATL의 수직계열화는 업계 내 경쟁자와의 격차를 벌이는 데 큰 도움을 주고 있습니다.

암흑기를 벗어나고 있는 배터리 산업

2022년 이후 전기차 및 배터리 시장이 고점을 기록하며 성장이 둔화되기 시작했습니다. 설상가상으로 리튬 가격도 급등하며 불을 지폈습니다. 2023년 리튬 가격이 급락하자 상황이 좀 나아질까 싶었지만, CATL은 고객들과 소재 가격 연동 약정이 되어 있어 리튬 가격 하락에 따라 배터리 판매 단가를 낮출 수밖에 없었습니다. 이에 2023년 사상 처음으로 매출이 9.7% 감소했습니다.

하지만 CATL의 저변을 보여준 것은 바로 이때였습니다. 앞서 설명한 CATL의 수직계열화 모델이 빛을 발한 순간인데, 소재 확보로 인한 원가 우위와 비용 통제 능력으로 2023년 매출은 줄었지만 수익성은 오히려 개선되기 시작했습니다. 연간 매출이 9.7% 감소할 때 순이익은 15% 증가한 것입니다.

이와 같은 흐름으로 2024년 업계 전반의 부진으로 성장률이 주춤하긴 했지만, 순이익 규모 측면에서 경쟁사를 압도하는 기록을 달성하며 1위 자리를 굳건히 지켰습니다. 2024년 CATL의 순이익이 약 7조 원에 달했는데 이는 BYD의 약 4조 원, LG에너지솔루션의 약 1조 원과 비교해 초격차가 벌어졌음을 알 수 있습니다.

2025년 들어서면서 전기차 및 배터리 산업이 바닥을 다지는 모습을 보이고 있어, 이후 경쟁자들과 초격차를 벌여 둔 CATL이 더욱 시장점유율을 확대할 것으로 예상됩니다.

새로운 먹거리, ESS

최근 CATL이 집중하고 있는 새로운 먹거리 중 하나는 ESS 분야입니다.

CATL의 주요 지표(2025년 12월 23일 기준)

CATL(3750)			(단위: 홍콩 달러)
52주 신고가/신저가	614/291	상장 시장	홍콩
PER(주가수익비율)	32.47	시가총액	2.35조
ROE(자기자본비율)	22.14%	영업이익률	18.51%
배당률	0.21%	순이익률	16.52%

출처: Yahoo Finance, Bloomberg

2020년 3%에 불과했던 ESS 사업 매출 비중이 2025년 상반기에는 약 16%까지 증가할 정도로 빠르게 성장하고 있습니다. ESS는 일반적으로 전기차용 배터리보다 마진이 높고 장기공급계약 위주이기 때문에 안정적인 수익원이 될 수 있습니다. CATL은 이미 미국 듀크 에너지나 중국 국영 전력사와 다수의 ESS 프로젝트 계약을 체결해 새로운 매출 창출원이 되고 있습니다.

2025년 들어 전기차 산업의 반등이 감지되고 있다고는 하지만 과거 경험으로 사이클 둔화를 피하긴 어려울 것입니다. 이에 AI 시대의 새로운 먹거리인 ESS 사업은 CATL에게 있어 안정적으로 매출을 확보할 수 있는 아주 중요하고 비전 있는 사업이 될 것입니다.

| 정부 지원하에 있는 중국의 국영기업 |

미국과 달리 중국은 아직 원전과 같은 AI 에너지 기업들의 주가 흐름이 큰 변화를 보이고 있지는 않습니다. 이는 2025년 딥시크 발표 이후 중국 빅테크 기업들이 AI 투자에 열을 올리고 있지만, 아직까지는 에너지 부족 현상을 초래할 정도로 AI 발전 단계가 올라오지 않았기 때문입니다. 하지만 지속적인 AI 투자로 이와 같은 현상은 언제든 발생할 수 있어 관련 기업 몇 개를 간단히 소개합니다.

중국판 오클로, 중국원자력공사

중국원자력공사(China National Nuclear, CNNC)는 세계 최초 IAEA 인증을 받은 소형 원자로(SMR) 링룽 원(Linglong One)을 보유하고 있는 국영기업으로, 데이터센터 전력 공급 부족 사태 발생 시 미국에서 적용했던 것과 같이 바로 중국원자력공사의 소형 원자로 제품이 솔루션을 제공할 수 있을 것으로 예상됩니다. 단, 해당 기업은 비상장 회사이며 소형 원자로를 건설하고 기술을 보유하고 있는 자회사 두 기업이 상장되어 있습니다. 중국 내 소형 원자로 관련 기술을 병행하고 있는 기업이 몇 군데 있지만 모두 비상장 회사로 관련 테마 형성 시 중국원자력공사의 상장 자회사 수혜가 가장 클 것으로 예상됩니다.

중국 핵전

중국 핵전(China National Nuclear Power, 601985.SH)은 핵 발전소의 투자, 건설, 운영 사업을 핵심으로 영위하고 있습니다. 중국 내 대형 원전 운영사 중 하나로 안정적인 매출을 기록하고 있는데, 최근에는 신재생에너지 사업으로 영역을 확장하고 있어 중국 정부 정책의 흐름을 착실히 따라가는 기업이라고 할 수 있습니다. 최근 연간보고서를 통해 링룽 원의 소형 원자로 프로젝트를 건설 및 시행하고 있다고 밝혔습니다.

중국 핵전의 주요 지표(2025년 12월 23일 기준)

중국 핵전(601985)			(단위: 중국 위안)
52주 신고가/신저가	10.58/8.37	상장 시장	중국
PER(주가수익비율)	22.88	시가총액	1,791억
ROE(자기자본비율)	7.40%	영업이익률	40.70%
배당률	0.23	순이익률	9.70%

해당 기업은 실질적으로 소형 원자로 프로젝트를 진행하고 있기 때문에 향후 데이터센터 전력 부족 문제가 공론화되고 소형 원자로 수요가 증가하면 직접적인 수혜를 받을 수 있을 것으로 예상됩니다.

RongFa Nuclear Equipment

RongFa Nuclear Equipment(002366.SZ)는 원전의 핵심 설비 제조업체입니다. 원자력발전소 내에서 가장 중요하다고 할 수 있는 배관, 용기, 펌프 몸체를 제조하고 있습니다. 해당 기업은 기존 원전 기술뿐 아니라 4세대 원전 및 소형 원자로 기술을 보유하고 있습니다.

RongFa Nuclear Equipment의 주요 지표(2025년 12월 23일 기준)

RongFa Nuclear Equipment(002366)			(단위: 중국 위안)
52주 신고가/신저가	10.18/4.10	상장 시장	중국
PER(주가수익비율)	–	시가총액	151억
ROE(자기자본비율)	–	영업이익률	15.80%
배당률	–	순이익률	–

앞에서 소개한 중국원자력공사가 소형 원자로를 설치하고 운영한다면, RongFa Nuclear Equipment는 실질적으로 제조하는 기술을 보유하고 있다고 할 수 있습니다. 이에 향후 관련 테마 형성 시 동반으로 강한 수혜를 받을 것으로 예상됩니다.

중국 최대 원전, CGN Power

CGN Power(1816.HK)는 2024년 말 기준으로 중국 내 약 25개의 원전을 운용하고 있는 중국 최대 원전 기업입니다. 전 세계적인 원전 확대 흐름에 맞춰 중국도 원전 사용을 적극적으로 확대하고 있어 CGN Power도 최근 여러 원전을 인수하며 사업을 확대하고 있습니다. 특히 중국 정부는 '청정에너지로 디지털 시대를 선도한다'고 주창하며 AI 산업 발전에 따른 데이터센터의 막대한 전력 수요를 신재생 및 원전에너지로 충당하려 하고 있어 수혜가 기대됩니다.

중국 내 원전 시장점유율 1위로 안정적인 수익을 확보하고 있는 만큼 향후 중국의 원전 확대 기조와 AI 산업 확대에 따른 에너지 부족 테마가 시장에서 형성될 때 큰 관심을 받을 수 있을 것으로 예상됩니다.

CGN Power의 주요 지표(2025년 12월 23일 기준)

CGN Power(1816)			(단위: 홍콩 달러)
52주 신고가/신저가	3.30/2.31	상장 시장	홍콩
PER(주가수익비율)	14.22	시가총액	1,997억
ROE(자기자본비율)	7.80%	영업이익률	31.70%
배당률	3.54%	순이익률	11.10%

출처: Yahoo Finance, Bloomberg

기계가 도로 위를 점령하는,
자율주행

| 365일 24시간 도로 위를 달리는 무인 트럭, 오로라 |

구글 웨이모, 테슬라, 바이두 산하 기업 아폴로 고 등의 로보택시는 타 보지 않았어도 이미 언론을 통해 많은 대중에게 알려져 있습니다. 우리 가 사람의 운송수단으로만 자율주행에 집중하고 있을 때 화물 운송이 라는 분야에 집중한 회사가 바로 오로라(AUR.US)입니다. 사람을 태우고 운행하는 자율주행의 가장 큰 리스크는 역시 교통사고일 텐데요. 사람 이 아닌 화물의 경우 이와 같은 리스크가 많이 감소합니다. 오로라는 이 같은 시장에 집중해 시나브로 이미 텍사스 일부 지역에서 무인 트럭을 활용한 화물 운송을 시행하고 있고, 곧 미국 전역으로의 확대를 노리고 있기에 이 시점에서 주목할 만한 회사입니다.

자율주행 거물들이 만든 회사

오로라는 2017년 구글 웨이모 출신의 크리스 엄슨(Chris Urmson), 테슬라오토파일럿의 개발을 이끌었던 스털링 앤더슨(Sterling Anderson), 우버의 자율주행 관련 팀을 이끌었던 드류 배그넬(Drew Bagnell)이 공동 창업한 회사입니다. 창업자들은 자신들이 파악한 각 회사의 장점을 부각시키고 단점을 보완해 오로라 드라이버(Aurora Driver)라는 자율주행 시스템을 개발했습니다.

이 시스템의 강점은 확장성과 안정성에 있습니다. 트럭에 오로라 드라이버 자율주행 시스템을 장착하면 해당 차량이 자율주행 차량으로 변모하는 것이기 때문에 향후 빠른 확장이 가능합니다. 테슬라의 일론 머스크가 FSD(Full Self Driving)의 보급을 통해 전 세계 테슬라 차량을 로보택시화 하려는 것이 바로 이런 확장성에 있는 것입니다. 테슬라는 전기차를 직접 생산하고 있어 경쟁사에게 소프트웨어 판매를 하기 어렵다는 점을 감안했을 때 자율주행 시스템만 제공하고 있는 오로라는 보다 큰 강점을 지니고 있다고 할 수 있습니다.

또한 오로라 드라이버는 카메라, 레이더뿐 아니라 첨단 라이다(LiDAR) 센서를 장착하기 때문에 높은 안정성을 확보할 수 있습니다. 오로라는 'FirstLight 라이다'라는 독자 기술을 보유하고 있는데, 이는 일반 라이다와 달리 연속적으로 레이저 광선을 이용해 상대방과의 거리뿐 아니라 속도까지 감지를 할 수 있습니다. 이에 상당한 거리에 있는 상대방 및 장애물도 일찍 감지해 대응할 수 있습니다.

드라이버 서비스(Driver as a Service)

SaaS(Software as a Service)는 서비스형 소프트웨어로 사용자가 소프트웨어를 직접 구매해 설치하는 방식이 아닌, 인터넷을 통해 원격으로 접속

해 사용하는 방식입니다. 즉 직접 설치하지 않아도 되기 때문에 어디서든 접속 가능하고 쉽게 사용할 수 있죠.

오로라는 자율주행 시스템을 이와 같은 형태로 제공하는 사업모델을 영위하고 있습니다. 모든 회사가 직접 자율주행 시스템을 개발하고 만드는 것이 상대적으로 어렵고 비용이 많이 드는 일이기 때문에 오로라와 같은 회사가 뛰어난 자율주행 시스템을 제공해줄 수 있다고 하면 굳이 마다할 이유가 없겠죠. 쉽게 말해 오로라와 파트너십을 맺고 있는 회사들이 트럭을 생산하면 운송회사가 그 트럭을 구입해 오로라의 자율주행 시스템을 구독하거나 주행당 요금으로 지불할 수 있는 방식입니다. 현재는 초기 단계로 우버운송(UBER Freight)과 연계해 화물을 직접 운송하고 있지만 향후 사업이 확대되면 확산 속도가 상당히 빠를 것으로 예상됩니다. 즉 어느 순간 퀀텀 점프할 수 있는 순간이 올 가능성이 높다는 것입니다.

굵직한 파트너십을 통해 검증된 기술

오로라는 2021년 미국 대형트럭 제조사인 파카(Paccar) 및 볼보 트럭과 협력 관계를 구축했습니다. 파카는 대형 트럭 모델을 여럿 보유하고 있는데 트랜스포머의 옵티머스 프라임 트럭을 연상시키는 켄워스(Kenworth)와 피터빌트(Peterbilt) 모델에 오로라 드라이버를 통합하기로 결정한 것이죠. 이 파트너십을 통해 향후에는 생산 단계부터 오로라의 자율주행 기능을 탑재할 수 있어 시장점유율 확보에 유리한 고지를 점령했습니다.

또한 2023년에는 독일의 자동차 부품업체 콘티넨탈(Continental)과 협력해 트럭용 자율주행 하드웨어 대량생산 프로젝트를 시작했으며, 2025년 1월에는 엔비디아와 제휴해 향후 엔비디아의 드라이브 플랫폼 상에서 오로라 드라이버를 구동하기로 했습니다. 우버는 현재 오로라의 지분 26%를 보유하고 있는 주요 주주 중 하나로 향후 우버운송 플랫폼을 통해 자율주행 트럭 운송 서비스를 연계할 예정입니다. 이렇듯 우버와의 사업이 본격화되면 오로라의 기술을 활용한 자율주행 트럭이 우버운송을 사용하는 화주들에게 선택받으며 수익 창출 및 데이터 확보가 가속화될 것으로 예상됩니다.

완전 무인 자율주행 트럭 운행 실현

오로라는 2025년 4월 텍사스주 댈러스와 휴스턴 간 고속도로에서 완전 무인 자율주행 트럭의 정식 화물 운송 서비스를 개시했습니다. 이는 미국에서 대낮에 완전 무인으로 대형 트럭이 물류 서비스를 제공한 첫 사례였으며, 불과 3개월 뒤에는 댈러스와 휴스턴 구간 고속도로에서 야간 운행도 시작했습니다.

이와 같은 낮과 밤의 운행 성공은 단순히 밝고 어두움의 문제를 벗어나 트럭이 실제로 24시간 일할 수 있다는 가능성을 열어준 것입니다. 운전자의 운행시간 제한 문제를 벗어나 경제적으로 엄청난 수익성을 보여주어 많은 화주의 사용을 독려할 수 있는 중요한 부분입니다.

오로라는 이제 10만 마일 이상의 무인 주행 기록을 달성했고, 자율주행 운송 노선도 점차 확대해 나가고 있습니다. 2026년부터는 미국 남서부를 넘어 미국 전역에 추가 노선을 확대할 예정입니다.

2025년에는 낮과 밤의 운행 성공으로 수익성 확대가 가능하다는 것을

오로라의 주요 지표(2025년 12월 23일 기준)

오로라(AUR)			(단위: 미국 달러)
52주 신고가/신저가	10.77/3.6	상장 시장	미국
PER(주가수익비율)	–	시가총액	85억
ROE(자기자본비율)	–	영업이익률	–
배당률	–	순이익률	–

출처: Yahoo Finance, Bloomberg

보여주었다면, 2026년에는 미국 내 여러 도시로 노선을 확대하며 다양한 기후에서도 운행 가능하다는 것을 입증할 예정입니다. 이는 향후 자율주행 트럭 분야에서 오로라가 보여줄 독점적인 지위와 발전을 기대하게 하는 부분입니다.

| 라이다 판매 세계 1위, 허사이 테크놀로지 |

구글에서 운영하는 로보택시 웨이모를 보면 택시처럼 삐죽 솟아있는 것이 있습니다. 이게 바로 라이다입니다. 라이다는 레이저 펄스를 쏘고 반사되어 돌아오는 시간을 측정하여 반사체의 위치 좌표를 측정하는 레이더 시스템입니다. 우리가 흔히 쓰는 레이더는 전파로 주변 사물을 식별하는 기술이고, 라이다는 레이저로 주변 사물을 식별하는 기술입니다. 일반적으로 자율주행에서 이 두 가지 기술을 병행하는 경우가 많습니다. 안정성을 위해서 말이죠.

그런데 테슬라는 이 라이다를 사용하지 않습니다. 정확히 말하자면

그림 14 구글 웨이모의 로보택시

출처: https://waymo.com/waymo-driver/

사용하려다 안 했다는 게 맞을 것 같습니다. 여러 가지 이유가 있었겠지만 가장 큰 이유는 가격입니다. 당시 라이다 센서의 가격은 대당 수만 달러에 이르렀기 때문에 2~3대만 장착해도 테슬라 차량의 가격을 넘어설 가능성이 높았기 때문입니다. 또한 구글의 웨이모를 보면 알 수 있듯이 라이다는 너무 크고 확연히 드러나 자율주행의 안정성이 강화될 수는 있지만 디자인 측면에서는 보기가 좋지 않다는 것입니다.

그런데 이 모든 문제를 해결하고 라이다 판매 전 세계 1위를 기록한 회사가 있습니다. 바로 중국의 허사이 테크놀로지(Hesai Technology, 2525.HK/HSAI.US)입니다.

가격을 낮춰라

허사이의 초기 라이다 가격은 대당 10만 달러에 육박할 정도로 고가여서 연구기관만 간신히 활용할 수 있을 정도였습니다. 이에 허사이의 창업자인 리이판(Li Yifan)과 쑨카이(Sun Kai) 등은 가격을 낮춰야만 대중화에 성공할 것이라 확신하고 가격을 낮추는 데 전력을 다했습니다. 이에 불과 10년 만에 가격을 200달러 수준으로 낮추는 데 성공했습니다.

가격을 낮출 수 있었던 비결 중 하나는 맞춤형 ASIC칩(주문형 반도체)의 개발 및 적용입니다. 허사이의 대표 제품인 AT128에는 실제로 자체 설계한 ASIC칩이 약 20개 포함되어 있습니다. 또한 하드웨어의 구조도 기존 제품과는 다른 방식으로 변경하여 가격을 낮추되 오히려 신뢰성을 높였고, 레이저 발광부 부품 가격도 50% 이상 낮출 수 있었습니다.

제품 측면에서 발상의 전환을 통해 혁신적으로 가격을 낮추는 데 성공한 것과 함께 제조 측면에서도 자동화 및 규모의 경제 실현으로 가격을 낮추는 데 성공했습니다. 비록 초기에 비용이 많이 들기는 했지만 중국 상하이와 항저우에 연 100만 대 이상 생산 가능한 규모의 공장을 건설했고, 로봇 기반 생산 시스템을 도입함으로써 라이다 제조 과정을 대부분 자동화시켜 가격과 불량률을 낮추는 두 마리의 토끼를 잡는데 성공했습니다. 이와 같은 사업 초기의 노력으로 허사이는 현재 기술 개발, 부품 생산, 제품 조립 및 상업화까지 모든 공정을 수직계열화 하는데 성공해 경쟁사 대비 큰 강점을 보유하게 되었습니다.

바이두를 시작으로 자율주행 1세대 진입

2018년 바이두는 미국의 벨로다인(Velodyne)의 라이다를 사용해 로보택시를 테스트하고 있었습니다. 상용화까지는 아직 시간이 있었던 시기라 높은 가격은 문제가 되지 않았지만, 그보다 컸던 문제는 AS에 있었습니다. 당시 라이다가 고장나면 미국으로 보내 수리해야 했기 때문에 길게는 몇 달씩 걸렸습니다. 그렇다 보니 로보택시의 개발에 난항을 겪고 있었습니다. 이때 허사이는 중국 내 현지 서비스 제공으로 2~3일 내에 접수 및 수리할 수 있다는 틈새시장을 노려 바이두의 로보택시 라이다 공급 업체로 선정되는 쾌거를 이루었습니다. 당시 중국에서 자율주행을 가장 잘하고 있던 바이두의 핵심 파트너로 선정된 것은 기술력의 검증을 상징하므로 업계 내 신뢰도가 상당히 높아졌다고 할 수 있습니다.

2021년 무렵에는 중국의 전기차 기업들이 앞다투어 라이다를 탑재하기 시작했습니다. 당시 리오토(Li Auto)가 허사이와 자사의 SUV 모델에 라이다를 장착하는 대량 공급 계약을 체결하며 허사이의 모델이 처음 상업적으로 보급되기 시작했습니다. 이후 장안자동차, 상하이자동차, 니오, 샤오펑 등의 쟁쟁한 중국 자동차 기업들이 허사이의 라이다를 탑재하며 허사이는 비로소 중국 첨단 운전자 지원 시스템(ADAS) 시장의 핵심 공급자로 자리매김하게 되었습니다.

미국보다 앞서가는 규제 완화

테슬라의 FSD 기술이 아무리 뛰어나다 해도 미국 정부에서 규제를 완화해주지 않으면 사실상 유명무실한 기술이라고 할 수 있습니다. 그만큼 자율주행의 전면적인 보급에 있어 정부의 방향은 상당히 중요하다고 할 수 있는데요. 기존의 세계관이었다면 자율주행 관련 규제 완화가 쉽지는 않았겠지만, 미국과 중국이 경쟁하고 있는 상황에서는 이야기가 달라집니다.

최근 중국 정부는 자율주행의 발전을 위해 제도적인 보완 및 완화 관련 정책들을 내놓고 있습니다. 일례로 2025년 9월 중국 공업정보화부에서는 자율주행 필수 안전기준안에 라이다를 포함시켰습니다. 이는 라이다를 '안전 관련 필수부품'으로 공식 인정한 것으로 향후 출시되는 모든 차량에 라이다를 장착하라고 사실상 의무화한 것입니다. 또한 각 지방정부에서 첨단 운전자 지원 시스템이 탑재된 차량에 대한 보조금을 검토하는 움직임도 있습니다. 이는 자율주행 기술의 보급을 빠르게 확산시키려는 노력의 일환입니다.

중국 정부가 조건부 자율주행을 허용하고 안전표준에 라이다를 포함시키는 등 자율주행 기술 발전 및 시행에 적극적인 행보를 보여주면서 자율주행 기술의 핵심이라 할 수 있는 허사이의 제품은 지속적으로 매출이 확대될 것으로 예상됩니다.

확장 또 확장

허사이는 중국에서 이미 30%가 넘는 시장점유율을 확보해 20%의 시장점유율을 보유하고 있는 2위 로보센스(RoboSense)와 격차를 벌이며 공고한 입지를 다졌습니다. 하지만 중국 내 전기차 침투율이 50%를 넘어서며, 이미 포화 상태가 아니냐는 말이 나올 정도로 성숙해졌습니다.

이에 허사이는 중국을 벗어나 가시적으로 글로벌 시장으로의 확장을 빠르게 준비하고 있습니다. 2025년 3월에는 메르세데스 벤츠와 10년간 차세대 모델에 라이다를 장착하는 장기 공급 계약을 체결했고, 유럽 현지 공장도 건설 중에 있어 중장기적으로 매출의 추가 확대가 가능할 것으로 예상됩니다.

중국 내에서는 다른 쪽으로 눈을 돌리고 있는데, 바로 초장거리 라이다 제품과 로봇 산업입니다. 최근 유니트리 로봇의 쿵푸 동작이나 댄스

그림 15 라이다 시장점유율

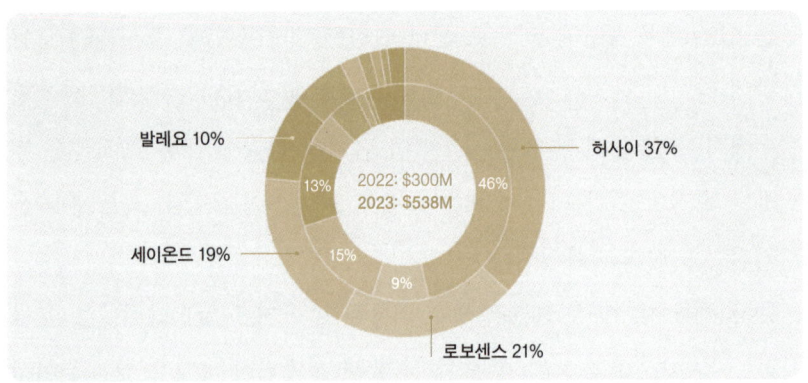

출처: www.eetimes.eu/whats-in-the-box-hesai-at128-lidar-for-li-auto-l9-at-a-glance/#:~:text=The%20
AT128%20belongs%20to%20the,light%20emission%20and%20light%20reception

장면을 언론에서 흔하게 접할 수 있을 정도로 중국의 로봇 산업은 빠르게 성장하고 있습니다. 로봇의 움직임도 자율주행과 같은 원리로 수많은 보조장치가 필요한데 그중 하나가 라이다입니다. 허사이의 라이다 제품은 저렴한 가격뿐 아니라 크기도 초소형화되어 로봇에 장착하기에 적합합니다. 아직 매출 비중은 미미하지만 향후 로봇 시장의 성장으로 허사이는 새로운 매출처를 확보할 것으로 전망됩니다.

허사이의 주요 지표(2025년 12월 23일 기준)

허사이(2525)		(단위: 홍콩 달러)	
52주 신고가/신저가	244/116.3	상장 시장	홍콩
PER(주가수익비율)	46.29	시가총액	251.5억
ROE(자기자본비율)	6.84%	영업이익률	41.20%
배당률	-	순이익률	15.60%

출처: Yahoo Finance, Bloomberg

이와 같이 허사이는 뛰어난 기술력과 저렴한 가격의 라이다 제품으로 중국 내에서도 아직 성장할 공간이 남아있고, 해외 진출도 적극적으로 이루어지고 있어 향후 성장이 기대되는 기업입니다.

| 조용한 강자, 포니.ai |

우리가 흔히 자율주행이라고 하면 자연스럽게 먼저 떠올리는 것이 구글의 웨이모, 테슬라의 FSD, 바이두의 아폴로 고 정도일 것입니다. 하지만 업계에서는 진정한 강자 중 하나로 꼽는 잘 알려지지 않은 기업이 있습니다. 바로 포니.ai(Pony.ai, 2626.HK/PONY.US)입니다. 강력한 기술을 보유하고 있음에도 이 기업이 조용했던 이유는 화려한 마케팅보다는 기술 완성도와 실주행 데이터 확보에 집중했고, 공격적인 확장보다는 현실적인 상업화에 치중했기 때문입니다.

포니.ai는 구글 자율주행 팀에서 핵심 인재로 일했던 제임스 펑(James Peng)과 러우티엔청(Lou Tiancheng)에 의해서 설립된 회사입니다. 이 둘은 구글에서 근무할 당시 자율주행의 미래를 보았는데, 관건은 미국과 중국 두 국가의 각 도시 특성을 이해하는 것이라고 생각했습니다. 두 국가의 주요 도시들은 워낙 다른 특성을 갖고 있어 같은 자율주행 서비스라도 다른 형식으로 제공되어야 했기 때문입니다. 이에 2016년 실리콘밸리에서 창업 후 지금까지 미국과 중국에서 동시에 테스트 드라이브를 진행하고 있습니다. 이는 미국 구글의 웨이모, 중국 바이두의 아폴로 고가 자국에서 강점을 보유하고 있는 것과 차별화되는 모습으로 기술의 완성과 함께 출시 국가를 한정짓지 않겠다는 포니.ai의 큰 강점이라고 할 수 있습니다.

하나의 소프트웨어로 모든 시장을 섭렵

포니.ai는 PonyPilot, PonyBus, PonyTrucking 등의 서비스를 제공하고 있는데, 하나의 소프트웨어로 로보택시, 자율주행 버스, 자율주행 화물 트럭 서비스를 제공하는 것입니다. 이와 같은 유연성이 가능한 것은 포니.ai의 자율주행 시스템이 모듈형 플랫폼으로 이루어져 있기 때문입니다.

모듈형 플랫폼은 한마디로 기본 자율주행 엔진을 중심으로 레고처럼 차량별 모듈을 더할 수 있다는 뜻입니다. 기본 자율주행 엔진에 로보택시, 자율주행 버스, 자율주행 트럭에 맞춰 추가적인 하드웨어 및 조건을 반영해 유연하게 맞춤 제작이 가능하다는 의미입니다. 이런 유연성은 포니.ai의 개발비 절감에 크게 기여할 뿐 아니라 상용화 속도도 타사 대비 2~3배 빠르고 어디든 바로 진출이 가능하다는 것입니다.

표 6 포니.ai의 사업 영역별 강점

영역	설명	포니.ai의 강점
Perception (센싱)	라이다, 카메라, 레이더로 주변 환경 인지	도시형 인지 정확도 매우 높음
Localization (자차 위치 추정)	HD지도와 센서로 차량의 정확한 위치 추적	도심 내 10cm 정확도
Planning (경로 계획)	다음 행동 및 진로 결정	도심 및 고속도로 모두 안정적
Control(제어)	가감속, 조향 등 실시간 제어	인간 운전자와 유사한 주행

출처: Pony.ai IR 자료

쏟아지는 러브콜

포니.ai는 기술력을 인정받아 다수의 글로벌 기업으로부터 투자를 받고 제휴를 진행했습니다. 토요타의 전기차에 자율주행 플랫폼을 장착해 중국 4대 도시에서 운행할 계획이며, 중국 광저우자동차 그룹과는 완전 자율주행 로보택시 양산을 진행하고 있습니다. 또한 트럭부문에서 중국 최대 중장비 기업 싼이(Sany)와 자율주행 트럭 양산 협력을 맺었습니다.

글로벌 진출도 굉장히 활발합니다. 우버와 제휴를 맺고 주요 중동 도시에서 로보택시 시범 서비스를 준비하고 있으며, 우리나라에서는 젬백스링크와 합작사 포니링크(PonyLink)를 설립해 강남에서 로보택시 시범 운행을 시작할 예정입니다. 특히 우버 같은 경우 합작이 잘 이루어지면 우버의 글로벌 채널을 타고 빠르게 확장할 가능성이 있습니다.

가장 먼저 돈을 벌게 될 자율주행 기업

포니.ai는 주요 경쟁사 대비 가장 빠르게 자율주행으로 수익 실현이 가능할 것으로 예상됩니다. 그 이유는 아무래도 로보택시, 버스, 트럭에 모두 적용 가능한 플랫폼 때문일 텐데요.

로보택시의 경우 제한적이지만 매출이 발생하고 있고 자율주행 트럭은 로보택시보다 상용화가 빠르고 수익도 더 클 것으로 예상됩니다. 자율주행 버스의 경우 안정적인 매출처 확보라는 큰 강점이 있습니다. 현재 광저우, 선전, 베이징 등의 지방정부와 자율주행 버스 노선 운영 계약을 맺었는데, 향후 차량 도입 및 운영비 일부를 지방정부에서 지급할 예정입니다. 사업의 특성상 대부분의 매출이 정부에서 발생하는 구조이기 때문에 안정성, 지속성, 반복성에 있어서 유리하며 포니.ai 매출의 캐

포니.ai의 주요 지표(2025년 12월 23일 기준)

포니.ai(2026)			(단위: 홍콩 달러)
52주 신고가/신저가	126.1/85.6	상장 시장	홍콩
PER(주가수익비율)	125.37	시가총액	520.2억
ROE(자기자본비율)	-	영업이익률	-
배당률	-	순이익률	-

출처: Yahoo Finance, Bloomberg

시카우가 될 가능성이 높습니다.

또한 미래에는 이 세 분야의 서비스가 안정적으로 성숙함에 따라 글로벌 기술 라이선스 계약 관련 매출 발생도 고려해볼 수 있을 것입니다. 이러한 예상이 가능한 것은 중국 정부의 전폭적인 자율주행 산업 지지와 규제 완화에 있습니다. 중국 정부에서 이와 같은 기조를 유지하는 한 포니.ai가 받을 수혜는 엄청날 것으로 예상됩니다.

결론적으로 포니.ai는 뛰어난 기술력으로 경쟁사보다 빠른 상용화 속도를 달성하고 있고, 중국과 미국을 동시에 겨냥할 수 있는 유일한 기업입니다.

미래는 로봇의 시대다

| 로봇이 이끄는 세상의 선두주자, 테슬라 |

테슬라(TSLA. US)에 관해서는 사실 이런 저런 말이 많습니다. '이제 전기차는 중국 기업들에 다 밀렸다.' 이에 발맞춰 나오는 뉴스도 중국 전기차 기업들이 테슬라보다 얼마나 잘 팔고 있는지에 대한 구체적인 수치들입니다. 이런 뉴스만 보면 테슬라는 정말 끝난 것 같습니다. 그런데 정말 그럴까요?

테슬라는 전 세계 전기차 시장의 메기 역할을 톡톡히 해냈습니다. 거기에 호응해 성공적인 산업 생태계를 형성한 것은 중국입니다. 중국은 워낙 제조업 밸류체인이 잘 형성되어 있고, 기업가 정신이 살아있다 보니 이와 같은 결과가 가능했습니다. 지금 중국 전기차의 내외부 및 기능을 보면 테슬라와 상당히 유사합니다. 테슬라의 영향을 받았기 때문일 것입니다. 테슬라는 고급 전기차 모델 출시를 시작으로 전기차 산업을 선도했고, 중국 기업들은 저렴한 가격으로 대중시장을 장악했습니다.

향후 이런 모습은 로봇 산업에서도 비슷하게 형성될 것으로 예상됩니다. 테슬라가 2026년부터 생산하고 싶어하는 휴머노이드 옵티머스는 단순히 일론 머스크의 괴짜 같은 천재성에서 탄생한 것이 절대 아닙니다.

기가팩토리 산업용 로봇

테슬라의 모델3, 모델Y가 저렴해질 수 있었던 이유 중 하나는 조립 공정의 자동화였습니다. 상하이 기가팩토리의 조립 공정은 90% 이상이 이미 로봇으로 자동화되어 있습니다. 이에 한 대의 자동차를 만드는 데 2시간 30분 정도면 충분하죠. 몇 년 전까지만 해도 자동차 한 대를 조립하는 데 8~10시간이 소요된 것에 비하면 엄청난 생산성 향상입니다. 이에 상하이 기가팩토리는 하루 1,000대 이상의 모델Y를 생산할 수 있어 연간 35만 대 이상 생산하고 있습니다.

이와 같은 결과물을 도출해 내기까지 분명 어려움이 많았습니다. 로봇을 활용한 자동화가 본격적으로 시작된 2017~2018년에는 로봇 팔이 부품을 떨어뜨리기도 하고 센서의 오작동으로 전 라인이 멈추는 등 시행착오가 많았습니다. 결국 야심차게 전 공정의 자동화를 외치던 일론 머스크도 한 발 물러나 일부에서는 사람을 투입해 합의점을 찾아갔습니다. 일론 머스크 특유의 실행 후 에러를 고쳐나가는 방식으로 공장 자동화를 다듬었고, 2023년 아주 새로운 방식을 만들어 내게 되었습니다. 바로 언박스드 프로세스(Unboxed Process)입니다.

기존의 자동차 제조 과정은 금형 프레스 → 차체 용접 → 도장 → 조립 순으로 직렬 생산됩니다. 각 라인마다 많은 사람이 필요하고 시간도 오래 걸렸죠. 하지만 언박스드 프로세스는 차량을 6개 부분으로 나눠

그림 16 캘리포니아 프리몬트 기가팩토리

출처: https://slate.com/technology/2014/05/elon-musks-
gigafactory-its-teslas-next-big-move.html

병렬로 조립한 다음 한번에 결합해 생산하는 방식입니다. 시간, 효율, 비용을 모두 줄일 수 있고 심지어는 공장 면적도 40% 이상 축소할 수 있습니다. 아예 사람이 아니라 로봇을 위주로 그림을 다시 그렸다고 할 수 있죠.

물론 전제조건이 있습니다. 로봇이 과거처럼 실수 없이 정확하게 움직여야 한다는 것입니다. 그러기 위해서는 하드웨어와 소프트웨어의 적절한 조화가 필요합니다. 상하이 기가팩토리가 지금과 같은 효율성을 보여주며 문제없이 가동되고 있다는 것은 테슬라의 산업용 로봇이 이 두 가지를 만족하고 있다는 것입니다. 즉 옵티머스 로봇 상용화를 위한 하드웨어와 소프트웨어가 오랜 시간의 시행착오를 거쳐 이미 기반을 다지고 있었고 상당 부분 실현됐다는 것입니다.

자율주행 FSD

2025년 5월, 그동안 몇 번이나 연기됐던 테슬라의 로보택시 시범 서비스가 공개되었습니다. 공개 후 주가는 저가형 모델 발표의 부재 등을 이유로 하락했지만, 그것과 상관없이 기술적으로는 상당한 진보를 보여주었습니다.

논란이 없었던 것은 아닙니다. 일부 차량은 승객을 교차로 한복판에 내려주기도 했고, 중앙선을 넘었다 복귀하기도 했으며 제한 속도를 초과해 달리기도 했습니다. 그럼에도 일론 머스크는 10년에 걸친 노력의 정점이라 표현하며 전반적으로 성공적이었다고 평가했습니다.

그동안 테슬라 차주들은 FSD 베타 소프트웨어를 사용하며 방대한 주행 데이터를 축적해주었습니다. 지금도 수백만 대에 달하는 차량이 데이터를 축적해주고 있죠. 테슬라는 이렇게 쌓인 데이터를 AI 학습을 통해 딥러닝 기반 자율주행 알고리즘으로 고도화하고 있습니다. 일론 머스크는 이런 데이터 축적과 충분한 학습을 통해 궁극적으로는 카메라와 AI만으로 사람과 같이 어떤 장소와 상황에서도 운전하고 대처할 수 있는 단계를 이루려 하고 있으며, 이는 그리 머지 않은 시간 내에 달성될 것으로 예상됩니다. 즉 사람이 운전하는 상태와 같은 자율주행 소프트웨어를 만들겠다는 것이죠.

물론 로보택시의 상용화는 아직도 규제나 사회적 신뢰 등 해결해야 할 숙제가 많아 완전 상용화까지는 갈 길이 멉니다. 하지만 여기서 우리가 주목해야 할 것은 산업용 로봇을 통한 하드웨어 구축과 FSD를 통한 소프트웨어 구축이 이제는 성숙 단계에 이르렀다는 것입니다.

자, 이제 옵티머스!

2021년 8월, 일론 머스크는 테슬라 AI 데이 무대에서 로봇 수트를 입고 나오는 등의 퍼포먼스를 선보이며 휴머노이드 로봇 구상을 발표했고, 이후 매년 빠르게 성장하고 있습니다.

2025년 초에는 옵티머스가 완벽하게 발레를 하는 모습도 공개되었습니다. 영상에서 옵티머스는 놀랍도록 자연스럽게 발레 및 셔플댄스를 소화했는데, 고난이도의 발레 5번 자세도 성공했습니다. 당시 놀라웠던 것은 하드웨어적으로 보여준 자연스러운 움직임과 높은 수준의 소프트웨어였습니다.

일반적으로 로봇은 시뮬레이션 공간에서 훈련한 후에 추가 훈련과 수많은 조정을 거쳐 현실에 반영됩니다. 시뮬레이션 공간과 실제는 큰 차이가 있기 때문이죠. 하지만 테슬라의 옵티머스 엔지니어 밀란 코박(Milan Kovac)은 시뮬레이션에서 훈련 후 추가 훈련과 조정 없이 바로 현실에 반영됐다는 것입니다. 그만큼 옵티머스의 소프트웨어가 큰 발전을 이루었다는 것을 보여주는 것입니다.

자, 드가자

일론 머스크는 2025년 1월 실적 발표에서 장기적으로 옵티머스가 테슬라 기업 가치의 대부분을 차지하게 될 것이라 밝히며, 시범 생산분 5,000대의 옵티머스를 우선 테슬라 기가팩토리 업무에 투입할 것이라고 했습니다. 또한 2026년에는 5만 대까지 생산을 늘리는 것이 목표이며 2030년까지는 연간 100만 대 생산이 가능한 체제를 구축하겠다는 포부도 밝혔습니다.

테슬라의 주요 지표(2025년 12월 23일 기준)

테슬라(TSLA)			(단위: 미국 달러)
52주 신고가/신저가	488.54/214.25	상장 시장	미국
PER(주가수익비율)	312.22	시가총액	1.53조
ROE(자기자본비율)	6.79%	영업이익률	6.63%
배당률	-	순이익률	5.31%

출처: Yahoo Finance, Bloomberg

이와 같은 움직임은 테슬라 투자자에게 약간의 기시감이 들게 합니다. 과거 전기차 고가 모델인 모델S를 시작으로 시장의 관심을 끌고 이후 혁신적인 생산 방식을 통해 가격을 낮춰 저가형 모델을 만들어 내며 전기차 산업을 탄생시켰던 것과 유사한 것이죠. 초기 옵티머스는 비교적 고가에 출시될 것이고 출시 시기도 일론 머스크가 이야기하는 것보다는 늦어질 가능성이 높지만 지금까지 해왔듯 가격을 낮추며 대량생산에 성공할 것으로 예상됩니다. 그때쯤이면 현재 빠르게 추격하고 있는 중국 기업들도 대량으로 로봇을 생산하며 로봇 생태계가 구축될 것입니다.

산업용 로봇을 시작으로 다져진 하드웨어 기술과 FSD, AI 등 축적된 데이터와 소프트웨어를 토대로 한 테슬라의 옵티머스 출시는 우리가 생각하는 것보다 가까이에 있습니다. 전 세계 투자자들이 테슬라를 놓고 전기차 회사와 로봇 회사 사이에서 갈등하는 이유입니다. 필자는 테슬라를 로봇 회사의 선도기업이라 얘기하고 싶습니다.

| 로봇에 미친 기업, 유니트리(비상장) |

유니트리의 창업자 왕싱싱(Wang Xingxing) 회장은 그야말로 평생을 로봇에 바친 사람처럼 보입니다. 초등학교 때는 미숙하나마 풍력자동차를 만들어 첫 발명에 성공했고, 중고등학교 시절에는 제트엔진과 충전식 배터리 등 다소 난이도 있는 프로젝트에 몰입했습니다. 이후 2족 보행 로봇과 4족 보행 로봇을 개발하기도 했으며, 26세가 되던 해에는 유니트리 로보틱스를 설립했습니다. 평생을 로봇만 생각하며 살다 결국 덕업일치를 이룬 왕싱싱의 유니트리는 현재 전 세계 4족 보행 로봇 시장의 60% 이상을 차지할 정도로 성장했습니다.

2025년 중국 춘절 칼군무로 전 세계 무대에 등장

중국의 로봇 관련 이야기는 가끔씩 언론에 노출되긴 했지만 대다수의 사람들은 관심이 없었을 것입니다. 하지만 2025년 중국 춘절 갈라쇼에서 16대의 로봇이 칼군무를 추는 모습은 전 세계 투자자들의 관심을 받기에 충분했습니다.

이번 칼군무를 보여준 로봇은 유니트리의 휴머노이드 로봇 H1입니다. 해당 로봇은 휴머노이드 로봇으로 유니트리에서 자체 개발한 고성능 관절 모터를 탑재했으며, 3D 라이다와 카메라를 통해 360도 공간을 인식합니다. 주로 연구 및 개발 플랫폼에 활용할 목적으로 개발됐는데 춘절 갈라쇼에서 군무를 보여줄 정도로 정교해진 것입니다.

휴머노이드가 칼군무를 추는 것을 보고 과연 저런 로봇이 실제로 팔릴까 생각하겠지만, 유니트리는 다양한 제품군을 저렴한 가격에 출시함으로써 실제로 매출이 발생하고 있을 뿐만 아니라 2020년부터는 흑자를 유지하고 있다고 하니 로봇이 이미 우리의 일상생활에 깊숙이 자리하고 있는 것인지도 모르겠습니다.

로봇 개발에 최고의 환경, 중국

중국은 로봇을 개발하기에 최적의 환경을 갖추고 있습니다. 2026년부터 시작되는 15차 5개년 계획에서 중국 정부는 핵심 육성 산업 중 하나로 로봇 산업을 지목하고 있습니다. 그 이유는 중국 내부적으로 인건비 상승, 인구 고령화로 인한 노동력 부족을 해결하기 위한 목적과 외부적으로는 피지컬 AI의 대표 주자인 로봇에 대한 패권을 장악하기 위한 것이라고 할 수 있죠.

이와 같은 중국 정부의 기조에 힘입어 로봇 구매에 보조금을 지급하

그림 17 춘절 갈라쇼에서 칼군무를 보여준 H1

출처: www.scmp.com/tech/tech-trends/article/3296720/dancing-kings-unitree-
humanoid-robots-backed-alibaba-tech-delight-spring-gala-show

고 R&D 비용에 세제 혜택을 주는 등 적극적인 지원이 쏟아지고 있으며, 대학, 연구소, 기업 간의 협력을 촉진하여 로봇 산업 생태계를 조성하고 있습니다. 실제로 자금과 정책 지원이 쏟아지며 중국 로봇 산업 전문가들은 실패를 겪어도 정부가 뒤에 있기 때문에 마음껏 도전해볼 수 있는 분위기가 조성되고 있다고 밝혔습니다. 이는 마치 과거 중국 정부가 전기차 산업을 장려할 때와 비슷합니다. 현재 중국 전기차 산업이 성숙 단계에 올라서며 관련 기업들의 경쟁심화로 주가가 부진한 모습을 보이지만, 산업 초기부터 지금까지 무한질주를 하던 시기가 있었습니다. 로봇 산업에서도 이와 같은 모습이 연출될 가능성이 상당히 높다고 할 수 있습니다.

많은 기업들이 단순히 도전하겠다고 뛰어들기만 해서는 지금과 같이 많은 로봇이 쏟아져 나올 수 없습니다. 이와 같은 현상이 가능했던 것은 중국이 오랜 시간 발전시켜온 제조업 공급망에 있습니다. 중국은 긴 시간 전 세계 공장 역할을 했고, 그 와중에 많은 공장들이 자동화를 경험했습니다. 이 과정에서 중국의 제조업 공급망은 손꼽히는 수준으로 올라섰고 로봇 조립에 관련된 거의 모든 부품을 빠르게 조달할 수 있는 환경이 조성된 것입니다. 결국 이러한 환경이 있었기에 유니트리도 대부분의 공정을 수직계열화 하며 저렴한 가격의 고성능 로봇을 만들 수 있게 된 것입니다.

2026년 어쩌면 중국 역사상 최대의 IPO

유니트리는 2025년 6월 100억 위안 기업 가치로 추가 자금 조달을 진행했습니다. 당시 투자에는 바이두, 틱톡의 모회사 바이트댄스, 알리바바,

텐센트, 지리자동차 등 중국 유수의 기업들이 참여했습니다. 이후 유니트리는 중국 증시 상장 계획을 통해 약 500억 위안 가치를 목표로 하고 있음을 밝혔습니다. 반년 만에 자금 조달 기업 가치 대비 5배나 오른 것입니다.

2025년 7월 유니트리는 중국 증권감독관리위원회의 상장 지도 등록을 시작했는데, 이례적인 속도로 4개월만에 등록을 완료했습니다. 이는 중국 정부가 얼마나 적극적으로 유니트리의 IPO(기업공개)를 밀어주고 있는지 알 수 있는 대목입니다. 이후 2025년 말 공식 상장 신청 서류를 제출했기 때문에 이변이 없는 한 늦어도 2026년 1분기에는 IPO가 완료될 것으로 예상됩니다.

유니트리는 중국 상하이증권거래소 과학창업판에 상장될 것으로 예상됩니다. 과학창업판은 2018년 시진핑 주석의 주도로 설립된 거래소로 상장 요건을 대폭 낮춰 주로 중국 기술 기업들의 상장이 이루어지고 있습니다. 2026년 초 유니트리가 과학창업판에 상장한다면 상당히 의미있는 IPO가 될 것이며, 근래 있었던 중국 IPO 중 가장 큰 관심을 받게 될 것으로 기대합니다.

과학창업판은 우리나라의 개인투자자들이 직접 투자할 수 없는 시장임에도 불구하고 유니트리를 소개하는 이유는 개인투자자들이 투자 가능한 시장에 유니트리가 상장할 가능성도 있기 때문이고, 중국 로봇, 기술 산업을 대표하는 기업으로 상장 전후 관련 산업 주가에 대한 영향력이 클 것이기 때문입니다. 또한 상장 후 우리나라에서 개인투자자들이 직접 투자는 못하더라도 중국 로봇, 기술 관련 ETF, 펀드 등을 통해 간접적으로 투자할 수 있어 눈여겨볼 만합니다.

| 중국 최초의 휴머노이드 로봇 상장 기업, 유비테크 |

지금 당장 투자하기는 어렵지만 전 세계적으로 가장 뜨거운 관심을 받으며 투자 가능 로봇 관련 기업을 찾는 이들의 타깃이 되는 기업이 있습니다. 바로 유비테크(UBTech, 9880.HK)입니다. 분야는 다르지만 어떤 면에서는 오히려 유니트리보다 더욱 뛰어난 면을 보여주고 있는 훌륭한 휴머노이드 로봇 기업입니다.

유비테크는 2023년 12월 홍콩 증권거래소에 상장했는데, 이는 중국 최초의 휴머노이드 로봇 상장을 알리는 중요한 변곡점이었습니다. 일부 중국 로봇 전문가들은 유비테크를 그저 교육용 장난감 수준의 휴머노이드 로봇을 만드는 회사라 비웃지만 유비테크는 전혀 그런 회사가 아닙니다. 지금 이 글을 읽고 있는 여러분도 선입견을 지우고 접근해야 올바른 투자를 할 수 있을 것입니다.

집안 말아먹을 각오로 도전한 국산화 연구

유비테크의 창업자 저우젠(Zhou Jian)은 2007년 자동화 생산라인 설비를 제작하는 회사를 설립해 큰 성공을 거두었습니다. 그 후 2008년 일본의 한 대형 로봇 박람회에 참석해 초기형 휴머노이드 로봇을 보고 매료되었다고 합니다. 하지만 당시 원화로도 수천만 원에 달하는 신기하지만 그닥 쓸모 없는 휴머노이드 로봇이 보편화되긴 힘들었습니다. 이에 저우젠은 저렴한 휴머노이드 로봇을 만들기 위해 전 재산을 쏟아부었습니다.

가장 문제가 되는 것은 역시 '서보 모터(Servo Motor)'라고 하는 관절 구동기로, 한 대의 휴머노이드에 수십 대가 들어갑니다. 이 서보 모터 한

대에 가격이 10~20만 원이라는 것인데, 수십 대를 넣으려면 이미 관절 구동기에서만 수백만 원이 원가로 들어가야 하기 때문입니다. 이에 저우젠은 2009년부터 본격적으로 서보 모터를 내재화하기 위한 연구에 돌입했습니다.

2012년 저우젠은 디지털 서보 모터를 개발하는 데 성공했고, 당시 업계를 주름잡던 일본, 스위스 제품 대비 저렴한 가격으로 비슷한 성능을 낼 수 있어 주목을 받았습니다. 이에 자신감을 얻은 저우젠은 2012년 지금의 유비테크를 정식으로 창업했습니다.

유비테크의 은인, 샤줘취안

지금이야 로봇 관련된 기업에 대해 이야기하는 것이 이상하지 않지만, 2012년대를 생각해보면 일부 사람들을 제외하고는 대부분 로봇에 관심이 없었습니다. 테슬라의 전기차도 사기라고 생각하던 시기였으니 말 다했죠. 이에 자금 조달은 언감생심이었을 겁니다. 저렴한 고성능의 서보 모터를 개발하고도 자금 압박을 받던 저우젠은 유비테크 설립의 은인이라고 할 수 있는 한 투자자를 만나게 됩니다. 그는 BYD의 공동 창업자인 샤줘취안(Xia Zuoquan)입니다.

2013년 샤줘취안은 BYD의 이사회 구성원으로 있으면서 투자자로도 활동하고 있었는데, 저우젠을 보고는 BYD의 창업자 왕촨푸를 떠올리게 할만큼 열정과 재능을 보여준다며 투자를 이끌었습니다. 이때 첫 투자로 800만 위안(약 15억 원)에 달하는 자금을 투자해 유비테크의 숨통을 열어주었습니다. 하지만 이게 다라면 은인이라고 할 수 없겠죠.

15억 원이라는 돈이 적은 돈은 아니지만, 창업 초기 저우젠이 자신의 전 재산 370억 원을 순식간에 써버린 것을 보면 15억 원은 금세 바닥날 게 명확한 일이었습니다. 자금이 동나자 샤쥐취안은 개인 자격으로 무려 600만 위안을 추가로 대출해주고 자신의 신용을 담보로 1,000만 위안의 대출을 받아 유비테크에 지원해주었습니다. 이 같은 그의 전폭적인 지지와 투자로 유비테크는 살아날 수 있었습니다. 향후 유비테크와 BYD 사이에 좋은 사업 기회가 발생한다고 해도 이상하지 않을 것입니다.

칼군무? 우리가 먼저 했는데?

휴머노이드 로봇의 칼군무라고 하면 당연히 2025년 있었던 유니트리의 휴머노이드 로봇 H1을 떠올릴 겁니다. 하지만 유비테크의 첫 휴머노이드 로봇 알파 1S는 2016년 초 중국 최대 명절 TV쇼에서 무려 540대가 칼군무를 추는 모습을 이미 선보였습니다.

알파 1S의 칼군무는 중국 전역에 있는 투자자들의 관심을 불러일으켰고, 곧바로 1억 달러에 달하는 시리즈B 투자 유치에 성공하게 되었습니다. 이후 아마존, 애플 등과 협력해 교육용 프로그래밍 로봇을 출시하는 등 사업 확장에 박차를 가했지만 사람들의 인식 속에 유비테크 로봇은 여전히 교육용이라는 타이틀을 지우기 힘들었습니다.

투자 유치로 자금이 충분해진 저우젠은 개발에 박차를 가해 2018년 첫 2족 보행 휴머노이드 로봇 워커(Walker)를 선보였고, 이후 2021년 세계인공지능대회(WAIC)에서 공개된 워커X(Walker X)는 비약적인 기술 발전을 보여주었습니다. 이에 2022년 베이징 동계올림픽에서도 유비테크의 로봇들이 안내를 맡는 등 다양한 퍼포먼스를 보여주기도 했습니다.

단순 퍼포먼스를 넘어선 상용화 초입 단계

지금까지의 휴머노이드 로봇은 단순히 쿵푸, 칼군무 등의 퍼포먼스를 보여주는데 그쳤다면, 이제부터는 실제 공장에 투입되는 등 상용화 초입 단계에 들어섰다고 할 수 있습니다.

유비테크의 최신 모델 워커S(Walker S)는 조립, 물류, 품질검사 등의 공장 작업을 수행할 수 있도록 설계되었습니다. 이러한 작업이 가능해진 것은 자체 개발한 AI 시스템 덕분인데, 각 로봇들은 이 AI 시스템을 통해 상호 연결해 마치 일개미 집단처럼 협업할 수 있는 것입니다.

실제로 중국 전기차 기업 지커(Zeekr)의 5G 스마트 팩토리에서 유비테크의 모델이 공장 가동 테스트에 참여해 작업을 수행하기도 했습니다. 또한 BYD, 니오, 폭스콘 등의 기업도 유비테크의 파일럿 프로그램을 도입하기 시작했습니다.

심지어 가장 최신 모델인 워커S2(Walker S2)는 스스로 배터리를 교체할 수 있게 되었습니다. 작업 상황에 따라 배터리 교체 또는 자율 충전을 선택할 수 있다고 하니 소프트웨어 수준도 상당히 높아졌음을 알 수 있습니다.

유비테크의 주요 지표(2025년 12월 23일 기준)

유비테크(9880)			(단위: 홍콩 달러)
52주 신고가/신저가	161/40.80	상장 시장	홍콩
PER(주가수익비율)	–	시가총액	579.4억
ROE(자기자본비율)	–	영업이익률	–
배당률	–	순이익률	–

출처: Yahoo Finance, Bloomberg

이와 같이 유비테크의 휴머노이드 로봇은 단순 교육용, 퍼포먼스용을 벗어나 공장에서 24시간 내내 작동이 가능해짐으로써 실제 상용화 단계 초입에 들어섰습니다. 이에 곧 수많은 공장에서 유비테크의 휴머노이드 로봇이 일하는 것을 보게 될 날이 머지 않아 지속적으로 관심있게 지켜봐야 할 기업이라고 할 수 있습니다.

어느 나라도 안심할 수 없다!
주요국의 방위 산업 변화

금방 마무리 될 것 같았던 러시아－우크라이나 전쟁, 이스라엘－하마스를 비롯한 중동 국가들과의 분쟁이 아직 끝나지 않고 있습니다. 또한 78년 만의 전쟁부 부활을 공식화한 미국, GDP의 2.4%에서 3.5%로 국방비를 증액한 한국, NATO 가입국들의 GDP 5%로 국방비 증액 등의 뉴스를 통해 전 세계적인 방위 산업 지출이 지속적으로 확대되고 있음을 확인할 수 있습니다. 과거에는 트럼프 대통령이 미국의 방위 산업 수출에 열을 올리며 이와 같은 현상이 발생하는 것처럼 보였지만, 지금은 상황이 달라졌으며 이는 앞으로 더욱 심화될 것으로 예상됩니다.

이를 단적으로 보여주는 상징성 있는 이벤트가 있었습니다. 2025년 9월 3일, 중국에서는 80주년 기념 전승절(중일전쟁 승리를 기념하는 날) 열병식이 진행됐습니다. 2025년에는 유독 전 세계의 집중을 받았는데, 그 이유는 중국 시진핑 주석, 러시아 푸틴 대통령, 북한 김정은 주석이 66년 만에 나란히 열병식에 참석해 우호적인 관계를 과시했기 때문입니다.

트럼프 대통령은 국방부의 명칭을 전쟁부로 변경하는 등 동맹국들에게 명확한 방향성을 제시함과 동시에 과거 모호했던 동맹국들의 입장 표명을 벗어나 확실한 '우리 편'임을 증명하도록 강요하고 있습니다. 이에 맞서 중국과 러시아를 중심으로 미국에 대항하는 세력도 뚜렷하게 대립각을 세우고 있기 때문에 향후 상당 기간 각 정부의 국방비 지출과 방위 산업의 기술 발전은 필연적으로 따라올 수밖에 없습니다. 이에 따라 미국과 중국의 방위 산업 관련 기업들은 정부의 지원을 받으며 꾸준히 성장할 것으로 예상됩니다.

향후 갈등양상을 보여줄 가장 전형적인 예시, 베네수엘라

2025년 8월 로이터 등의 언론보도에 따르면 트럼프 대통령은 베네수엘라 근해에 이지스함 3척과 병력 4,000여 명을 투입했습니다. 이뿐 아니라 무려 핵추진 잠수함 1대, 함정 2대 등의 추가 투입 가능성도 언급했죠. 베네수엘라의 니콜라스 마두로 대통령은 즉각 반응했고 군사적인 긴장감이 확대되었습니다. 트럼프 대통령의 병력 투입 이유는 마약과의 전쟁입니다. 표면적으로는 말이죠.

과거부터 남미는 코카인을 비롯한 마약을 재배하기에 굉장히 좋은 기후를 보유하고 있고, 국가 재정이 충분치 않아 마약 재배와 유통이 성행하는 국가가 많았습니다. 이에 미국으로의 마약 유입이 적극적으로 이루어졌고, 미국은 현재도 콜롬비아 등과 국가적 차원에서 공조해 마약수사국을 파견하는 등 마약 단속을 진행하고 있습니다. 베네수엘라도 그중 하나였는데, 1999년 반미노선을 채택한 차베스 정권이 들어서자 미국과의 마약 공조수사의 끈이 약해지면서 대립각을 세웠습니다. 2013년 독재자 차베스의 뒤를 이은 니콜라스 마두로 대통령은 마약 이동의 수단을 넘어 생산까지 확대하며 미국의 1호 타깃이 되었습니다. 실제로 그에게 배정된 체포 보상금은 5,000만 달러(약 672억 원)로 오사마 빈 라덴과 사담 후세인에게 배정된 금액보다 훨씬 높은 금액입니다.

미국과 트럼프는 마약 퇴치를 이유로 병력을 투입했지만 진짜 이유는 따로 있습니다. 첫 번째 이유는 베네수엘라에 매장되어 있는 원유입니다. 베네수엘라는 전 세계 원유 매장량의 약 18%를 차지하고 있을 정도로 큰 산유국입니다. 현재 트럼프 대통령이 펴고 있는 관세 무역 전쟁, OBBBA 법안, 감세 등은 모두 인플레이션을 자극하는 요소로 신경 쓰지 않을 수 없는데, 미국 소비자물가지수인 CPI에서 약 6%를 차지하는 원유가격이 안정되면 적당한 수준의 인플레이션을 유지하기가 용이합니다. 그렇기 때문에 베네수엘라의 원유 수출을 미국의 입맛에 맞게 통제할 경우 큰 도움이 되는 것이죠.

두 번째 이유는 중국과 러시아에 대한 경계입니다. 베네수엘라는 미국의 제재가 본격화되자 상당 부분의 원유를 중국으로 수출했고, 중국과 러시아는 베네수엘라의 원유 관련 시설들에 많은 투자를 진행했습니다. 최근 트럼프 대통령이 베네수엘라의 원유를 수입하는 국가에 25%의 관세를 부과하겠다고 엄포를 놓은 것 또한 중국과 러시아에 대한 간접적인 경고라고 할 수 있습니다.

물론 마두로 대통령의 핀셋 체포로 베네수엘라와의 갈등은 어느 정도 안정화 단계에 들어선 것으로 보이지만 이와 같은 갈등양상은 미국, 중국, 러시아 간의 간접적인 갈등이 될 가능성이 높고, 제3국이 피해를 볼 가능성 또한 상당히 높습니다. 이에 직접적인 전쟁 가능성을 완전히 배제할 수는 없지만, 국제적인 정세와 서로의 득실을 따져 봤을 때는 간접적인 갈등으로 확산될 가능성이 가장 높습니다. 향후 이와 같은 갈등양상으로 미국과 중국을 필두로 동맹의 성격을 띤 국가들까지 전방위적 방위 산업에 대한 투자 수요가 증가할 것으로 예상됩니다.

현대전에 최적화된 기업,
에어로바이런먼트

러시아-우크라이나, 이스라엘-하마스 간의 전쟁에서 눈여겨 볼만한 것이 있다면, 새로운 무기들의 활약이었다고 할 수 있습니다. 특히 러시아의 우크라이나 침공은 대량의 탱크가 투입되며 짧은 시간 내에 전쟁이 끝날 것으로 예상됐지만, 미국이 제공한 대전차 미사일 재블린(Javelin)의 활약으로 초반 공세를 잘 막아냈고, 전쟁 중반부에는 드론의 활약이 컸죠. 이스라엘도 이란을 공습할 때 드론을 이용해 방공망을 무력화시키며 이란을 꼼짝 못하게 했습니다. 이와 같이 현대전은 과거와 달리 드론, 사이버전 등 새로운 전쟁의 양상을 보여주고 있습니다.

드론의 중요성을 보여주는 또 다른 예가 있습니다. 2025년 6월 7일 트럼프 대통령의 '드론 방어 강화 및 산업 장려 행정명령' 서명이 바로 그 것입니다. 트럼프 대통령은 이번 행정명령으로 미국 내 드론 산업에 대한 규제를 완화하고 군에 미국산 드론의 우선 조달을 명령했습니다. 지금까지 드론 산업은 DJI를 비롯한 중국 기업들이 우위를 점했는데, 러시아-우크라이나 전쟁, 이스라엘-중동지역 국가들의 대립에서 드론의 중요성이 부각되며 미국 드론 산업을 장려하고자 하는 것입니다.

정부의 의지와 현대전에 딱 맞는 방산기업

에어로바이런먼트(AeroVironment, AVAV.US)는 이와 같은 구조적 변화에 딱 맞아떨어지는 기업입니다. 정부의 인위적인 미국산 드론 사용 목적에 부합되는 미국 드론 생산 회사이고, 기술적으로 드론, 레이저 무기, 위성 장비 등 미국에서 가장 앞서고 있는 기업이기 때문입니다.

에어로바이런먼트는 정밀타격 제품과 정찰, 공격용 드론 생산을 담당하는 자율시스템(Autonomous Systems) 사업부와 우주 전쟁 및 레이저 공격, 사이버전과 관련된 사업을 담당하는 Space, Cyber & Directed Energy 사업부를 운영하고 있습니다. 특히 Space, Cyber & Directed Energy 사업부는 2025년 5월 블루헤일로(BlueHalo)라는 기업을 인수하며 확장한 사업부인데, 이번 사업부 인수를 통해 에어로바이런먼트의 성장 가능성은 더욱 커졌습니다.

이스라엘이 항상 자랑하는 방위 시스템이 바로 아이언돔입니다. 2021년 하마스가 쏜 로켓포 90% 이상을 요격하며 상당한 방어력을 뽐내기도 했는데요. 그런 아이언돔이 2025년 이란의 이례적인 대규모 공격에서는 약점을 드러냈습니다. 사이즈가 상당히 작아 요격이 어려운 드론 공격에는 취약한 모습을 보였다는 것입니다. 이를 본 트럼프 대통령은 전쟁의 변화 양상에 위기감을 느꼈고, 골든돔(Golden Dome) 프로젝트를 발표하게 됩니다. 골든돔 프로젝트의 핵심은 위성과 레이저를 활

그림 18 골든돔 시스템

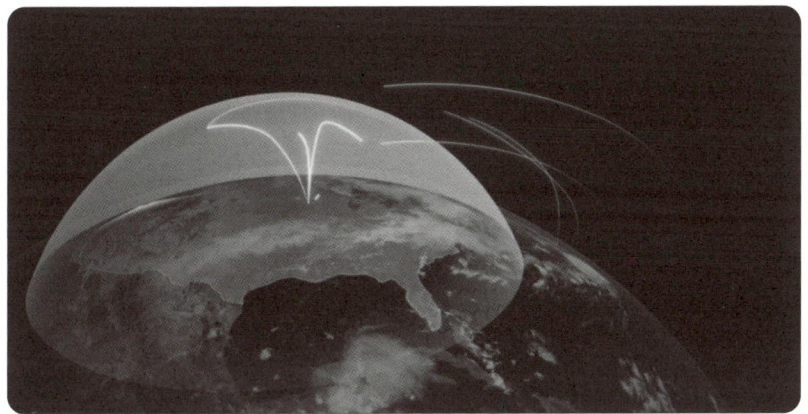

출처: https://spacenews.com/golden-dome-whats-its-story/

용하는 것이고, 에어로바이런먼트의 Space, Cyber & Directed Energy 사업부에서 레이저를 활용한 요격 무기를 취급하게 되면서 향후 미국 국방부의 파트너 선정을 예상해볼 수 있습니다. 실제로 2025년 2분기 대표적인 레이저 요격 무기인 로커스트(LOCUST)의 판매가 5배 성장하며 가능성을 입증했습니다.

향후 예상되는 미국 정부의 적극적인 지원으로 에어로바이런먼트가

Tip 골든돔 프로젝트란?

트럼프 대통령이 1,750억 달러를 투자해 임기 내에 완성하겠다고 발표한 우주 기반 대응 미사일 방어 체계입니다. 완성 시 미국은 우주에 감시 및 공격 위성 수백 기를 띄워 핵 탑재 극초음속미사일을 포함한 모든 공중 공격을 본토에 닿기 전에 방어할 수 있게 됩니다. 이는 40여 년 전 로널드 레이건 대통령이 내놓은 스타워즈 계획의 확장판이라고 할 수 있으며, 전쟁의 양상을 우주로 확장하며 중국과 러시아의 반발을 불러오고 있습니다.

에어로바이런먼트의 주요 지표(2025년 12월 23일 기준)

에어로바이런먼트(AVAV)			(단위: 미국 달러)
52주 신고가/신저가	417.86/102.25	상장 시장	미국
PER(주가수익비율)	149.83	시가총액	119.3억
ROE(자기자본비율)	-	영업이익률	-
배당률	-	순이익률	-

출처: Yahoo Finance, Bloomberg

받을 수혜는 상당히 명확해 보입니다. 미국의 자국산 드론 사용 정책으로 기술력이 뛰어난 해당 기업이 선택받고 있으며, 향후 미국의 매출 비중은 더욱 확대될 것으로 예상됩니다. 또한 유럽 국가들도 드론전을 준비해야 하는 입장인데, NATO 가입국들은 당연히 동맹국인 미국의 정책에 부합하는 미국산 드론을 사용할 가능성이 농후합니다. 18%의 매출 비중을 차지하고 있는 우크라이나는 더할 나위가 없겠죠. 이에 현재 이미 유럽과 우크라이나로 수출하고 있는 검증된 에어로바이런먼트의 제품이 선택받을 가능성이 농후합니다.

물론 단기적인 리스크가 없는 것은 아닙니다. 트럼프 행정부가 정부 효율부의 권고를 바탕으로 추진해온 국방부 예산 삭감 가능성과 우크라이나 전쟁의 종식이 리스크로 거론됩니다. 다만 트럼프 행정부의 국방비 예산 삭감 관련해서는 발생 가능성이 적다고 할 수 있습니다. 앞에서 열거했던 여러 이유로 전 세계의 전쟁 위협이 커지고 있는 상황에서 국방비 예산을 삭감할 가능성은 낮을 것이며, 삭감한다고 해도 다른 예산 대비 가장 늦게 이루어질 가능성이 높습니다. 단, 우크라이나 전쟁이 종식될 경우 단기적으로 수입이 감소하며 주가 하락에 영향을 줄 가능성은 있습니다. 하지만 이는 단기적인 영향에 그칠 가능성이 높으며 미국은 꾸준히 드론 산업에 자금을 투입할 것이기 때문에 장기적인 대세 움직임에는 영향이 없을 것입니다. 중소형주라는 점을 감안했을 때 주가가 큰 폭으로 조정받을 수 있어 오히려 매수 기회가 될 수도 있습니다.

스페이스X의 유일한 경쟁자,
로켓랩

최근 대형 우주선 스타십이 10차 지구 궤도 시험비행에 성공하며 큰 관심을 받고 있습니다. 스페이스X는 '최초'라는 수식어를 달고 다니는 기업입니다. 2008년 민간기업 최초로 액체연료 로켓 '팰컨 1(Falcon 1)'을 지구 궤도로 발사하는 데 성공했으며, 2016년에는 로켓의 해상 회수에 성공하면서 로켓 재활용 시대를 열었습니다. 2017년에는 최초로 회수한 로켓을 재활용해 발사하고 회수하는 데 성공했습니다. 최근에는 최초로 유인우주선을 화성에 보내기 위해 스타십 시험비행을 지속적으로 하고 있습니다. 이와 같은 스페이스X의 아성에 지속적으로 도전하는 기업이 있습니다. 바로 로켓랩(Rocket Lab, RKLB.US)이 그 주인공인데요.

로켓랩은 2006년 뉴질랜드 출신 피터 벡(Peter Beck)에 의해 설립되었습니다. 로켓랩의 가장 중요한 투자 포인트는 CEO입니다. 피터 벡은 실력에 비해 크게 부각되지는 않았지만 실상은 일론 머스크에 비견될 정도의 CEO입니다. 그는 독학으로 로켓 연구에 몰두해 지금의 로켓랩을 설립했으며, 지금까지도 자신이 직접 로켓 개발에 관여하며 탄탄한 사업 안정성과 빠른 성장이라는 두 마리 토끼를 동시에 잡을 수 있었습니다.

로켓랩은 소형 로켓 관련 개발, 발사 및 위성서비스까지 수직계열화에 성공한 기업입니다. 먼저 대표적인 소형 로켓 Electron은 2017년 첫 발사에 성공했으며, 현재까지 68회 발사해 약 94%의 성공률을 기록했습니다.

트럼프 대통령이 추진하고 있는 골든돔 프로젝트의 핵심은 위성입니다. 수백 기의 위성을 활용해 미사일을 사전에 요격하는 것이 핵심이기 때문에 저궤도 위성을 많이 띄울수록 정교함이 증가합니다. 이에 향후 미국 정부의 위성 발사에 대한 수요가 증가할 것은 확실해 보입니다. 하지만 스페이스X, 블루 오리진(Blue Origin) 등의 민간 우주기업들은 자사 저궤도 위성서비스에 집중하기도 부족한 상황입니다. 이에 로켓랩 같은 우주기업들로 미국 정부의 로켓 발사 수요 증가 수혜가 이어질 것입니다.

전 세계 최단기간 로켓 발사 가능 기업

로켓랩은 두 가지 큰 강점을 보유하고 있습니다. 뉴질랜드에 발사대 두 군데를 보유하고 있다는 것과 부품부터 완성품까지 모두 제작이 가능하도록 수직계열화가 이루어져 있다는 점입니다. 이에 고객 의뢰 후 최장 10주 안에 로켓을 발사할 수 있으며, 미국 대비 로켓 발사 요건이 까다롭지 않은 뉴질랜드 발사대에서는 72시간에 한 대씩 발사가 가능합니다.

큰 그림으로 봤을 때 소형 위성 발사에 대한 수요는 정부를 떠나 민간 기업들의 수요까지 증가하고 있는 추세입니다. 그런데 2022년 러시아가 우크라이나를 침공하면서 미국과 유럽의 규제를 받기 시작해 로켓 발사 주체에서 제외되었습니다. 이에 수요는 증가하고 있는 반면 공급은 줄어들고 있는 상황이 된 것입니다.

늘어가는 수요는 자연스럽게 스페이스X 또는 미국 정부기관이나 다름없는 ULA로 흘러 들어갔지만, 몇 개의 회사가 감당하기에 부족한 로켓 발사 수요는 로켓랩까지도 연결되고 있어 향후 관련 산업은 더욱 커질 것으로 예상합니다.

드라마틱한 사업 확장 가능성, 뉴트론

로켓랩이 현재와 같은 소형 로켓만 지속적으로 발사한다면 성장에는 한계가 있을 것입니다. 이에 두 가지 방식으로 마진과 공급 확대를 노리고 있습니다.

첫 번째는 로켓의 재활용입니다. 스페이스X는 추진체에 출력을 설치해 회수하는 방식으로 로켓을 재활용하고 있습니다. 하지만 로켓랩은 소형 로켓만 취급하고 있기 때문에 추진체에 출력을 설치할 수 없죠. 이에 헬기를 이용한 하이재킹(Hijacking) 방식으로 재활용을 시도하고 있습니다. 아직은 반쪽짜리 성공에만 머물고 있지만 이와 같은 노력이 성공할 경우 큰 폭의 마진 개선이 가능할 것으로 예상됩니다.

두 번째는 중형 로켓의 개발입니다. 현재 로켓랩에서 지속적으로 개발하고 있는 중형 로켓 뉴트론(Neutron)이 늦어도 2026년 중반 전에는 출시될 것으로 예상하고 있습니다. 거시적으로 위성 발사에 대한 로켓이 증가하고 있는 상황에서 중형 로켓이라는 거대한 시장을 개척할 경우 매출이 큰 폭으로 증가할 것입니다. 또한 중형 로켓은 이미 스페이스X에서

로켓랩의 주요 지표(2025년 12월 23일 기준)

로켓랩(RKLB)			(단위: 미국 달러)
52주 신고가/신저가	73.97/14.71	상장 시장	미국
PER(주가수익비율)	–	시가총액	328.5억
ROE(자기자본비율)	–	영업이익률	–
배당률	–	순이익률	–

출처: Yahoo Finance, Bloomberg

성공한 로켓 추진체 재활용이 가능할 것으로 예상되어 마진 개선으로도 이어질 것으로 전망됩니다. 다가오는 신냉전과 우주시대에 로켓랩은 빼놓을 수 없는 좋은 기업입니다.

중국의
떠오르는 신산업

2025년 〈케이팝 데몬 헌터스〉 열풍을 기억할 텐데요. 실제 가수가 아닌 애니메이션 내 음악으로 빌보드에서 수상하는 기염을 토하기도 했죠. 지금은 바야흐로 K컬처 시대입니다. 전 세계 구석구석 많은 사람들이 K드라마, K팝, K푸드 등을 통해 대한민국을 인식하게 되면서 뛰어난 문화로 알려졌지만, 우리나라도 경제가 성장하면서 산업구조가 많이 변화했습니다. 이런 산업구조의 변화에 맞춰 투자한다면 상당히 좋은 수익을 낼 수 있겠죠.

중국도 마찬가지입니다. 아직도 중국이라고 하면 저가, 저품질 상품을 떠올리는 사람들이 많습니다. 하지만 중국의 산업도 경제발전과 함께 많은 변화를 겪었고 많은 투자 기회도 생겨나고 있습니다. 이번에는 최근 변화하고 있는 중국 산업 내에서 미중 패권 경쟁을 벗어나 투자할 수 있는 기회에 대해 살펴보도록 하겠습니다.

해외시장까지 퍼진
중국의 신소비 트렌드

2020년 시진핑 주석은 쌍순환(双循环) 전략을 내놓았습니다. 과도한 수출 의존도를 줄이고 내수 소비를 활성화시켜 중국의 GDP를 끌어올리겠다는 전략입니다. 중국 GDP에서 가계소비가 차지하는 비중은 약 40%로 미국의 약 70%, 한국의 약 50% 등 선진국과 비교해 아직은 현저히 낮습니다. 이는 중국이 여전히 투자 중심의 국가라는 것이며, 14억 명에 달하는 중국 인구가 소비를 시작해 소비 주도 시장으로 바뀐다면 추가적인 GDP 성장이 가능하다는 이야기입니다. 물론 쉬운 일은 아니지만 중국 정부는 꾸준히 관련 정책을 내놓으며 소비진작을 위해 노력하고 있습니다.

중국 소비 시장은 2010년 이후 세 번의 트렌드 변화를 겪었습니다. 2010년대 들어 중국의 중산층이 급격히 증가하며 일명 '소비 업그레이드'가 진행되었습니다. 당시 중국인들의 해외여행이 증가하며 전 세계

명품이 동이 나기도 했는데요. 이때 중국 내수에서도 이와 같은 현상이 이어져 귀주모태주, 오량액 등 고급 바이주 기업과 CTG면세점 등의 여행관련 기업들의 주가가 급등했습니다.

2020년대 들어서는 중국의 부동산, 플랫폼, 사교육 등 각종 규제로 경제가 힘들어지고 소비가 얼어붙으며 일명 '가성비 소비 트렌드'가 자리잡았습니다. 당시 사회적인 분위기를 보여주는 대표적인 예시가 탕핑족(躺平族)과 같은 유행어의 확산입니다. 탕핑족은 아무것도 하지 않는 자포자기한 청년들을 일컫는 말인데, SNS를 통해 빠르게 확산되며 중국 정부의 규제 대상이 되기도 했습니다. 이와 같은 사회현상으로 인해 미니소와 같이 저렴한 가격에 양질의 제품을 판매하는 기업들의 주가가 상승하며 큰 주목을 받았습니다.

2020년 중반 들어서는 가성비 소비가 발전해 '체험형, 감정 소비형' 트렌드가 자리를 잡기 시작했습니다. 또한 2024년까지만 해도 테무(Temu), 쉬인(Shein), 알리(Ali) 등을 통해 중국 내 초저가 상품들이 전 세계적으로 소비 생태계 교란 우려를 유발하며 경계의 대상이 되기도 했지만 동시에 라부부 등 중국 IP들이 빠르게 확산하는 현상이 발생했습니다. 이러한 현상의 중심에는 중국의 신소비 테마가 깊이 자리하고 있습니다. 특이점에 오른 중국의 제조업, 독특한 아이디어, 방대한 소비 시장 등이 어우러져 탄생한 중국의 신소비 트렌드는 중국을 벗어나 해외로까지 그 영향력을 확장하고 있어 꼭 지켜봐야 할 산업입니다.

| 신소비의 대표 주자 팝마트 |

'마돈나, 라부부 케이크와 함께 67번째 생일 파티 공개', '전 세계 품절대란의 주인공 라부부'. 이 라부부를 만드는 회사가 중국의 팝마트(9992.HK)입니다. 라부부는 2015년 홍콩의 아티스트 카싱렁(Kasing Lung)이 디자인한 캐릭터로 How2Work 사에서 제작해 피규어 형태로 처음 출시된 지식재산권(Intellectual Property, 이하 IP)입니다. 2019년 팝마트와 독점 라이선스를 맺고 본격적으로 판매되었는데, 2024년 초까지는 지금과 같은 인기를 누리지 못했습니다. 그러다 2024년 4월 아이돌 그룹 맴버가 가방에 라부부 키링을 달고 있는 사진을 자신의 SNS에 게재하면서 큰 인기를 끌기 시작했습니다. 2025년에는 베이징 경매에서 라부부 한정판 인형이 약 2억 원에 낙찰되기도 하는 등 전 세계적인 붐이 형성되며 팝마트의 주가가 연일 치솟았습니다.

팝마트는 2010년 왕닝(Wang Ning) 회장이 가족에게 1억 원이 안 되는 돈을 빌려 문구, 완구, 생활용품 등을 취급하는 소매점 형태의 기업으로 시작했습니다. 당시 중국은 두터운 중산층이 형성되기 시작한 초기로 먹고 살만해진 사람들이 취미, 문화 등으로 눈을 돌리던 시기였습니다. 이에 키덜트 문화가 태동하기 시작하면서 팝마트도 어느 정도 사업을 유지할 수 있게 되었습니다.

기존에 아트 토이로 성공한 일본의 베어브릭은 아트 토이를 블라인드 박스 형태로 판매하며 팬층의 수집욕을 자극해 수익을 극대화하는 데 성공했습니다. 이 성공에서의 핵심은 수집욕을 자극하는 IP와 무엇을 뽑을지 몰라 지속적으로 구매하도록 하는 랜덤성에 있습니다. 창립 후

지지부진했던 팝마트는 2015~2016년 사이 블라인드 박스와 IP라는 두 가지 핵심 요소를 갖추게 되었습니다. 이후 팝업스토어를 통해 마케팅에 집중하고 자판기 판매를 도입해 오프라인 매장이 닿지 않는 곳까지 확대하는 전략을 도입하기도 했습니다. 이에 매출은 10배 넘게 급성장했고, 2020년 12월에는 홍콩 증시에 상장하며 중국 MZ 세대에게 확고한 국민 브랜드로 자리매김하게 되었습니다.

현재 팝마트는 몇몇 단일 IP에 의존하던 판매 전략을 멀티 IP로 확대하고 본격적으로 글로벌 시장에 진출했습니다. 이에 2024년부터 지금까지 북미, 동남아시아에서 매년 400%가 넘는 성장을, 2025년 상반기에는 2024년 전체 매출을 넘어서는 실적을 달성하기도 했습니다. 당시 팝마트는 글로벌 장난감 대표 주자인 산리오, 해즈브로, 마텔의 시가총액보다 큰 약 540억 달러를 기록하기도 했습니다.

1~2년 사이 주가가 6배 오른 팝마트는 고평가 논란도 있지만 여전히 건설적인 미래 계획을 갖고 있습니다. 라부부, Molly, Dimoo 등 보유 IP를 활용한 애니메이션, 영화 등의 제작과 테마파크 건설 등이 그것입니다. 또한 지속적인 발굴 의지로 신규 IP의 출시도 가능합니다. 이미

팝마트의 주요 지표(2025년 12월 23일 기준)

팝마트(9992)			(단위: 홍콩 달러)
52주 신고가/신저가	339.8/79.5	상장 시장	홍콩
PER(주가수익비율)	34.6	시가총액	2,582억
ROE(자기자본비율)	61.41%	영업이익률	42.38%
배당률	0.46%	순이익률	30.32%

출처: Yahoo Finance, Bloomberg

전 세계적인 입지를 다진 팝마트는 아티스트들이 자신들의 디자인을 출시하기 위해 찾아올 것입니다. 이렇게 되면 더 많은 양질의 아티스트들과 접촉하게 되면서 IP 출시가 더욱 빨라질 것입니다.

팝마트의 성공은 그동안 짝퉁 상품, 저가의 저품질 상품으로만 인식되던 중국 상품이 글로벌 소비자들에게 양질의 문화 상품으로 인정받기 시작했다는 첫 사례라 할 수 있어 큰 의미를 지니고 있으며, 앞으로의 행보가 더욱 주목되는 기업입니다.

| 중국판 티파니 라오푸골드 |

특별한 날을 기념하기 위해 티파니에 전시되어 있는 목걸이, 귀걸이를 정가에 구매하는 것이 어떤 이들에게는 너무나 익숙합니다. 티파니에 가는 것은 단순히 금이나 액세서리를 사러 간다는 의미보다는 금과 티파니의 브랜드 감성, 디자인을 구입한다는 의미가 더 크죠. 하지만 중국의 금 소비는 그렇지 않았습니다. 라오푸골드(Laopu Gold, 6181.HK)가 나오기 전까지는요. 라오푸골드는 중국 소비자들의 금 액세서리에 대한 개념을 바꿔 말 그대로 신소비의 세계로 이끈 기업입니다.

라오푸골드가 나오기 전까지 중국의 금 액세서리 시장은 주대복 등의 기존 회사들이 장악하고 있었습니다. 중국 소비자들이 주대복(Chow Tai Fook)에 가서 금 액세서리를 구매한다는 것은 디자인보다는 금을 산다는 의미가 더 강했기 때문에 디자인이 천편일률적일 수밖에 없었습니다. 하지만 중산층의 증가로 해외여행 등 해외 상품과 문화에 대한 노출이 많아지면서 젊은 층은 당연히 티파니와 같은 해외 브랜드에 열광하게 되었고, 이에 전통 금 액세서리 기업은 외면받을 수밖에 없었습니다.

라오푸골드의 창업자는 이러한 상황에 중국 황실 전통 세공법인 고법금(古法金, Gu Fa Jin)을 적용해 디자인이 예쁜 금 액세서리를 내놓기 시작했습니다. 더불어 중국 내에서 애국소비 바람이 불며 젊은 소비층이 중국 국내로 눈을 돌렸습니다. 이러한 수요에 라오푸골드의 제품이 맞아떨어지면서 폭발적인 성장을 하게 된 것입니다.

라오푸골드는 평균판매단가, 마진 등이 경쟁사 대비 뛰어난데, 그 이유는 무게 단위가 아닌 제품 단위로 판매하기 때문입니다. 우리가 일반적으로 티파니에 가서 액세서리를 살 때 금의 무게를 재고 구입하지는 않죠. 정가가 있습니다. 이렇게 되면 금의 가격 변동과도 연동이 되지만 디자인과 가치에 대한 기본 가격이 있어 가격이 일반적으로 떨어지지는 않습니다. 라오푸골드는 이런 판매 방식을 도입해 경쟁사 대비 높은 마진을 유지하는 것입니다.

라오푸골드는 매장도 체험 공간으로 만들어 젊은 층의 수요를 충족시켰는데, 백화점 1층에 입점해 고객들에게 차를 대접하고 제품의 역사적 배경을 설명하는 등 고객의 체류 시간을 늘려 명품을 경험하는 시간을 제공합니다. 이러한 경험이 중국에서는 기존의 고정관념과 틀을 깬 파격적인 행보였다고 할 수 있습니다. 또한 라오푸골드는 고작 30여 개의 매장을 운영하고 있어 희소성이 부각되면서 소비자들을 줄세우고 있습니다.

라오푸골드는 매년 성장을 거듭하고 있는데, 2025년 3분기 온라인 매출은 전년 동기 대비 370% 증가한 8억 2,300만 위안을 기록했고, 오프

라오푸골드의 주요 지표(2025년 12월 23일 기준)

라오푸골드(6181)			(단위: 홍콩 달러)
52주 신고가/신저가	1108/203.2	상장 시장	홍콩
PER(주가수익비율)	32.16	시가총액	1,169억
ROE(자기자본비율)	59.72%	영업이익률	24.30%
배당률	2.63%	순이익률	18.18%

라인 매출은 전년 동기 대비 168% 증가한 44억 8,900만 위안을 기록했습니다. 또한 지속적인 프리미엄 제품들의 출시로 매장당 평균 연매출도 100% 가까이 증가했습니다. 이와 같은 성장세는 2026년에도 이어질 것으로 예상되어 투자자들의 기대치가 높아지고 있습니다.

| 기존에 없던 새로운 호텔 Atour |

Atour(ATOT.US)가 창립한 2013년은 중국 호텔업의 양극화가 극심하던 때였습니다. 외국인의 중국 여행과 중국 국내 여행 수요 증가로 저가형 호텔이 주를 이루고, 고급 호텔의 경우 그 수는 적지만 운영이 잘되고 있었습니다. 반면 당시 중고가 호텔 시장은 불모지나 다름없을 만큼 성공하기가 힘들었죠. Atour는 단순히 잠만 자는 기능성 호텔이 아니라 경험을 줄 수 있는 라이프스타일 공간으로 만들자는 이념으로 중고가 호텔 시장에 뛰어들어 지금과 같은 성공을 거두었습니다. 회사명인 Atour는 이와 같은 정신이 깃들어 있는데, 중국판 부탄(전 세계 행복지수 1

위 국가)이라 불리는 YaDuo(亚朵)를 딴 이름입니다.

Atour는 사업 초기 직영점으로만 운영하면서 빠르게 확장하여 2014년 30여 곳이 넘는 호텔을 오픈했는데, 자금조달 등을 이유로 이후 가맹 및 위탁중심으로 변경하면서 2025년 상반기 기준 1,800개 이상으로 성장했습니다. 이는 매년 20% 넘는 매우 빠른 성장세입니다.

특히 Atour에서 운영하는 일부 테마형 객실이 SNS를 통해 젊은 소비자층 사이에서 빠르게 퍼지며 성장했는데요. 베이징에 슬램덩크 IP를 활용한 '슬램덩크 테마룸', 상하이에는 유명 뮤지션과 협업한 '음악 콘셉트룸' 등 젊은 소비자층이 SNS에 게시할 만한 소재를 활용하면서 급부상했습니다. 실제로 중국판 SNS인 샤오홍수나 웨이보에서 Atour 호텔의 숙박 후기가 큰 인기를 끌고 있습니다.

Atour의 사업 모델에는 독특한 점이 하나 더 있습니다. 사실 이 부분

그림 19 Atour의 농구 콘셉트 호텔

출처: Atour 홈페이지

이 최근 주가 성장의 큰 동력이 되었습니다. 바로 리테일 사업 모델인데요. 숙박 경험 후기를 보면 많은 사람이 침구류에 대한 칭찬을 아끼지 않습니다. Atour는 Atour Planet이라고 하는 자체 수면 전문 브랜드를 보유하고 있는데, 이와 같은 사용자 경험을 토대로 침구류를 직접 판매하기 시작했습니다. 숙박객은 침구류에 붙어있는 QR코드를 통해 언제든 주문이 가능한데 사용자 경험과 입소문을 타고 경험하지 않은 사람들의 구매도 꾸준히 이어져 2023년 중국 최대 쇼핑행사에서는 80만 개이상이 판매되는 대히트를 기록했습니다. 이에 2025년 2분기 기준으로리테일 사업 부문 상품 판매 총액이 11억 4,400만 위안을 기록하며 전년동기 대비 84.6% 급증했습니다. 리테일 사업 부문의 매출은 전체 매출의 40%를 차지할 정도로 크게 성장했는데, 이는 Atour의 침구류 등 상품이 단순 호텔 내 제품을 벗어나 독립 브랜드로 인식되기 시작했다는것을 보여주는 것이기도 합니다.

Atour는 2022년 11월 미국 나스닥에 상장했으며 상장 이후 꾸준히 흑자 기조를 유지하고 있습니다. 현재 Atour는 약 50%에 가까운 자기자본비율을 유지하고 있으며, 현금 보유량도 약 27억 위안으로 향후 신규 호텔 오픈, M&A 등을 통해 활발한 확장이 가능할 것으로 예상됩니다.

이제 Atour는 중국 내 2,000개 호텔 달성을 목표로 성장에 집중하고있으며, 럭셔리 부티크 호텔 브랜드 Atour S, 젊은 층을 겨냥 Z Hotel 등6개의 하위 브랜드도 지속적으로 확장하고 있습니다. 짧은 시간 내에해외진출도 계획하고 있어 향후 Atour의 호텔과 침구류를 우리나라를포함한 해외에서 만날 날이 멀지 않을 것으로 전망합니다.

Atour의 주요 지표(2025년 12월 23일 기준)

Atour(ATAT)			(단위: 미국 달러)
52주 신고가/신저가	43.17/21.50	상장 시장	미국
PER(주가수익비율)	28.7	시가총액	59.1억
ROE(자기자본비율)	46.92%	영업이익률	24.79%
배당률	1.82%	순이익률	16.19%

출처: Yahoo Finance, Bloomberg

관세 이슈의 유일한 빈틈,
바이오·제약 산업

2025년 1월 딥시크의 대규모 언어 모델이 발표된 후 중국 AI 산업의 발전이 결코 느리지 않았다는 사실에 경종을 울리며 딥시크 모먼트 (DeepSeek Moment)라는 표현이 사용되기도 했는데요. 중국의 헬스케어 산업은 이미 딥시크 모먼트를 넘어섰다는 것이 업계의 평가입니다.

이 모든 평가의 근간에는 2017년 중국 헬스케어 산업의 아주 큰 변화가 자리 잡고 있었습니다. 중국 정부는 2017년 〈의약품 및 의료기기 혁신 장려를 위한 심사비준제도 개혁 심화에 관한 의견〉을 통해 중국이 의약품국제조화회의(International Council for Harmonisation of Technical Requirements for Pharmaceuticals for Human Use, ICH)에 가입했음을 밝혔습니다. 이는 사실상 향후 의약품의 임상 및 제조에 있어 그 기준을 미국이나 유럽과 똑같이 맞추겠다는 것입니다. 또한 2021년에는 〈항암제 임상적 가치 지향 임상연구개발에 관한 지도원칙〉을 통해 임상시험 대조

군을 '기존 최고의 약(Best Standard of Care)'으로 설정했습니다. 이로 인해 중국 제약사들은 강제적으로 현존하는 최고의 약품들과 경쟁할 수밖에 없게 된 것입니다.

이러한 산업 변화에 또 하나의 신호탄이 있었는데, 이는 바로 중국 대표 CDMO(위탁개발생산) 기업 우시바이오로직스(Wuxi Biologics, 2269.HK)의 성공적인 홍콩 증시 상장입니다. 2017년 6월 13일, 우시바이오로직스는 홍콩 증시에 성공적으로 상장하며 약 39억 8,000만 홍콩 달러(약 5,700억 원)를 조달했는데, 기관투자자와 개인투자자의 청약 경쟁률이 각각 25배, 38배에 달할 정도로 시장의 반응이 폭발적이었습니다. 상장 첫날 주가는 공모가 대비 37% 급등했는데, 당시 홍콩 증시가 부진했던 것을 감안하면 이례적이었다고 할 수 있습니다.

우시바이오로직스의 성공적인 홍콩 증시 상장이 중요한 이유는 해당 기업의 상장을 전후로 중국 CDMO 산업, 더 나아가서는 헬스케어 산업 전반에 대한 전 세계 투자자들의 인식이 단순히 저렴한 인건비 수준을 넘어 글로벌 수준의 품질을 만드는 산업으로 바뀌었기 때문입니다. 물론 CDMO 산업과 신약 산업은 엄연히 다르지만, 실제로 우시바이오로직스 상장 이후 수많은 중국 헬스케어 기업들이 상장으로 대규모 자금을 조달해 생산 시설을 확충하고 신약 개발에 정진하며 지금의 변화를 주도했습니다.

2024년 9월, 일명 딥시크 모먼트라고 할 수 있는 사건이 발생했습니다. 당시 세계폐암학회에서 중국 바이오테크 기업 아케소는 자사가 개발하고 있는 폐암치료제 이보네시맙(Ivonescimab)과 업계 표준 폐암치료제인 머크 사의 키트루다(Keytruda)를 직접 비교한 3상 결과를 발표했는

표 7 글로벌 제약사들의 중국 개발 신약 계약 규모

계약 시점 (2025년)	글로벌 제약사 → 중국 바이오기업	대상 신약 (기전/적응증)	계약 규모
5월 말	화이자 → 3SBio	이중항체(항암제)	최대 60.5억 달러
6월 초	BMS + BioNTech → Biotheus	PD - 1 × VEGF 항암제	총액 111억 달러
6월 중	Vor Bio → RemeGen	이중표적 자가면역치료제	최대 40억 달러

출처: 언론사 발표 취합

데, 이보네시맙이 키트루다에 비해 종양 진행 위험을 무려 49%나 줄였습니다. 이 사건으로 중국 헬스케어 산업이 글로벌 표준으로 자리 잡는 것을 넘어 저렴한 가격으로 더 뛰어난 약품을 제공할 수 있다는 인식이 확산되면서 중국 제약사들이 개발하고 있는 혁신 신약 파이프라인 사냥이 시작되었습니다.

2025년 2분기 들어 글로벌 제약사들의 중국 혁신 신약 라이선스 아웃(기업이 보유한 신약 후보물질, 기술, 특허 등의 권리를 외부 기업에 이전하거나 사용권을 부여하는 계약)이 이어지며 항셍 바이오테크 지수는 6월까지 60% 이상 급등했습니다.

주목할 것은 글로벌 제약사들이 내놓은 혁신 신약들이 모두 중국 기업 주도로 개발되었다는 점입니다. 이와 같이 2025년 상반기에만 중국 기업들의 라이선스 아웃 규모가 글로벌 전체 규모에서 40% 이상을 차지할 정도였습니다.

이러한 현상은 앞으로도 상당 기간 지속될 것으로 예상되는데, 그 이유는 머크, BMS 등 글로벌 제약사들의 주력 제품 특허가 2028년 전후로 만료를 앞두고 있기 때문입니다. 이들은 매출 공백을 메우기 위해 당장 임상 2~3상 단계에 있는 검증된 파이프라인이 필요한 상황이고, 중국 기업들의 가성비와 고품질의 준비된 파이프라인은 상당히 매력적인 메뉴이기 때문입니다.

| 중국 바이오테크 1인자, 아케소 |

아케소(Akeso, 9926.HK)는 중국 바이오테크 기업 중 가장 혁신적인 기술력을 보유한 기업으로 평가받습니다. 특히 이중항체 분야에서 기존 항암제의 한계를 뛰어넘는 약물을 개발하고 있습니다.

아케소는 과거 바이엘, 크라운 바이오사이언스 등 글로벌 제약사에서 고위직을 지냈던 미셸샤(Michelle Xia)가 2012년 창립했는데, 초기에 지방정부의 자금 지원을 받은 데다 글로벌 면역항암제 개발 트렌드를 맞아 급속히 성장했습니다. 아케소는 현재 신약 1개, 승인심사 1개, 임상 진행 10여 개의 신약 파이프라인을 보유하고 있습니다.

Tip 이중항체란?

이중항체(Bispecific Antibody)는 한 개의 항체가 서로 다른 두 개의 항원에 동시에 결합힐 수 있는 항체로, 기존 단일클론 항체와 달리 두 가지 표적을 동시에 타깃팅할 수 있다는 점이 가장 큰 특징입니다. 이중항체는 주로 항암치료제 개발에서 면역세포와 암세포를 연결해 면역 반응을 유도하는 등 치료 효과를 극대화하는 차세대 항체 치료제로 주목받고 있습니다.

아케소의 가장 두드러진 특징은 혁신 신약 개발에 있어 외부 라이선스 도입 없이 자체적으로 신약 후보를 발굴하고 개발 및 상업화까지 모두 수직계열화를 시행했다는 것입니다. 필요한 경우 후기 임상 또는 상업화 과정에서 글로벌 제약사와 협력하기도 하지만 기본적으로 자체 R&D에 집중하고 있기 때문에 자생력이 강하다는 것입니다.

2026년은 아케소에게 있어 매우 중요한 한 해가 될 것으로 예상됩니다. 이보네시맙의 중국 출시가 예정되어 있기 때문인데요. 이 약의 잠재 매출은 향후 수십억 위안에 달할 것으로 예상됩니다. 2022년 글로벌 제약사 서밋 테라퓨틱스(Summit Therapeutics)에서 이미 이보네시맙의 전 세계 개발 및 판매 권리를 총 45억 달러에 사들였기 때문에 글로벌 판매도 동시에 시작될 것으로 전망됩니다. 특히 이보네시맙은 글로벌 표준 폐암치료제인 머크 사의 키트루다 대비 우월한 임상적 효능이 입증되었습니다. 이에 이번 출시 건은 아케소와 서밋 테라퓨틱스 두 회사의 주가 상승에 큰 기폭제가 될 것입니다.

이와 같이 아케소는 검증된 혁신 신약의 사용처를 추가하고, 혁신 신약의 범위를 확대하는 등 파이프라인을 꾸준히 강화하고 있습니다. 이

아케소의 주요 지표(2025년 12월 23일 기준)

아케소(9926)			(단위: 홍콩 달러)
52주 신고가/신저가	179/54	상장 시장	홍콩
PER(주가수익비율)	24.05	시가총액	1,147억
ROE(자기자본비율)	–	영업이익률	–
배당률	–	순이익률	–

출처: Yahoo Finance, Bloomberg

에 미국 및 유럽 약품 기준에 맞춘 제품으로 세계적인 인정을 받으면서 글로벌 시장 진출도 활발해지기 시작한 지금 아케소는 투자자로서 관심 있게 지켜봐야 할 기업입니다.

| 비만치료제의 숨겨진 강자, 이노벤트 바이오로직스 |

2024년 전 세계 바이오테크를 뒤흔든 것은 역시 노보 노디스크와 일라이 릴리의 비만치료제였습니다. 지금까지 비만치료제는 이 두 회사의 과점이었다고 해도 과언이 아니었는데, 최근 중국 기업이 개선된 성능의 비만치료제 개발에 성공했습니다. 홍콩에 상장된 이노벤트 바이오로직스(Innovent Biologics, 1801.HK)의 마즈두타이드(Mazdutide)입니다.

이노벤트 바이오로직스는 블록버스터급 면역항암제를 이미 보유하고 있어 현금 창출 능력이 뛰어난 기업인데, 최근 비만치료제 시장에까지 뛰어들며 안정성과 성장성을 동시에 보유한 유망한 기업으로 성장했습니다.

이노벤트 바이오로직스의 히트작인 신틸리맙(Sintilimab)은 면역항암제로 2012년 미국 항체 발굴 전문 기업인 아디맙(Adimab)의 기술 플랫폼을 사용해 개발했습니다. 신틸리맙은 글로벌 제약사 일라이 릴리와의 전략적 제휴를 통해 상품 개발에 성공한 사례입니다. 당시 더 떠들썩했던 것은 중국 바이오 산업 역사상 최대 규모인 10억 달러 계약을 따냈기 때문입니다. 이후 2018년 중국 국가약품감독관리국의 승인을 받고, 국가의료보험에 등재되면서 중국 내에서 불티나게 팔리기 시작했습니다. 현재 중국에서는 국민 항암제로 불리며 폐암, 간암, 위암 등 주요 암 치료에 사용되고 있습니다. 이와 같은 동력을 토대로 이노벤트 바이오로직스의 매출은 2019년부터 2024년까지 연평균 55% 성장하는 기염을 토해냈습니다.

2025년 6월, 이노벤트 바이오로직스의 차세대 먹거리인 비만치료제 마즈두타이드가 중국 국가약품감독관리국의 승인을 받았습니다. 최근 노보 노디스크의 위고비와 직접 비교한 임상 데이터도 공개했는데, 체중 감량 효과가 더 뛰어났을 뿐만 아니라 지방간 개선 등 추가적인 대사질환 치료에도 효과가 있다고 밝혔습니다. 또한 고용량 임상에서는 약 20%에 달하는 체중 감량을 보여주기도 해 업계를 긴장시켰습니다. 아직 중국 외 지역에서는 사용되지 않고 있으며 상용화된 지 얼마 되지 않아 부작용 등의 문제점을 발견하기까지 시간이 필요하지만 비만치료제 시장을 중국 내로만 잡아도 그 규모가 상당할 것으로 예상되면서 매출의 추가 확대가 가능할 것으로 전망됩니다.

이노벤트 바이오로직스는 상용화 제품 16개, 허가 중 제품 2개, 임상 중 파이프라인 18개를 보유하고 있는데, 여전히 매출 대비 약 30% 되는

이노벤트 바이오로직스의 주요 지표(2025년 12월 23일 기준)

이노벤트 바이오로직스(1801)			(단위: 홍콩 달러)
52주 신고가/신저가	109.1/28.65	상장 시장	홍콩
PER(주가수익비율)	115.14	시가총액	1,466억
ROE(자기자본비율)	8.44%	영업이익률	12.99%
배당률	-	순이익률	9.91%

출처: Yahoo Finance, Bloomberg

R&D 지출을 단행하고 있습니다. 이에 향후에도 안정적인 현금 창출과 지속적인 신약 개발을 통한 추가 매출 창출로 꾸준히 성장할 것으로 예상되는 바이오테크 기업 중 하나입니다.

| 돌아온 거인, 항서제약 |

항서제약(600276.CH)을 알고 있는 우리나라 개인투자자들도 많습니다. 좀 더 자세히는 과거의 유물로 여기는 한국 투자자들이 많은 것이죠. 그 이유는 2020~2022년 사이 항서제약의 주가가 70% 넘게 급락했기 때문입니다. 항서제약은 오랜 기간 동안 중국 제약 기업의 강자였는데 이런 몰락을 겪게 되니 다시 살아나는 것은 어려워 보였습니다. 그러나 항서제약은 뼈아픈 체질변화를 통해 다시 업계 강자로 돌아오고 있습니다.

항서제약은 2020년 이전까지 특허가 만료된 약을 복제해서 판매하는 제네릭 제품에 주력하고 있었습니다. 하지만 중국 정부가 약가 인하를 위해 대량구매제도를 도입하면서 항서제약의 제품 판매 단가가 급격하게 하락했고 매출에 큰 타격을 입게 되었습니다. 그동안 업계의 강자로 안심하고 있던 항서제약은 급격한 R&D 비용 증가 등의 투자를 통해 혁신 신약을 직접 개발하기 위해 노력했습니다. 이에 2024년에는 혁신 신약의 매출 비중이 50%를 넘어서며 새로운 회사로 탈바꿈하고 있습니다.

항서제약은 100개 이상의 파이프라인을 보유하고 있어 중국 내에서 가장 큰 파이프라인을 보유하고 있습니다. 그중 캄렐리주맙(Camrelizumab)은 우리나라 소비자들 사이에서도 익숙한 약물입니다. 국

내에서 많이 사용되는 간암 1차 치료제에 한국 기업 에이치엘비에서 보유하고 있는 리보세라닙(Rivoceranib)과 항서제약의 캄렐리주맙이 병용으로 사용되기 때문입니다.

또한 항서제약은 최근 전 세계적으로 큰 성장을 하고 있는 ADC(항체 – 약물 접합체)의 후보물질도 보유하고 있습니다. ADC 분야에서 가장 많이 팔리고 있는 것은 아스트라제네카와 다이이찌산쿄가 개발한 엔허투(Enhertu)입니다. 엔허투는 현재 유방암 2차 치료에 많이 사용되고 있는데, 향후 FDA 승인 시 1차 치료까지 확대될 것으로 전망되는 제품으로 향후 글로벌 라이선스 아웃 가능성 1순위 후보라고 할 수 있습니다.

2024년 항서제약은 미국 펀드와 손잡고 헤라클레스(Hercules CM NewCo)라는 별도 법인을 설립해 파이프라인의 해외 판권을 해당 법인으로 넘겼습니다. 이에 미중 갈등으로 인한 리스크를 피하고 기술 수출에 대한 로열티와 지분 투자 수익을 챙기는 실리적인 방식을 취하면서 향후 매출 창출에 큰 도움이 될 것으로 예상됩니다.

이와 같이 중국 헬스케어 산업은 딥시크 모먼트를 딛고 과거의 유물이라 여겨졌던 항서제약도 다시 등판하면서 중국 국내 시장 석권 및 해외 진출에 집중하고 있습니다.

항서제약의 주요 지표(2025년 12월 23일 기준)

항서제약(600276)			(단위: 중국 위안)
52주 신고가/신저가	74.04/42.40	상장 시장	중국
PER(주가수익비율)	52.37	시가총액	4,052억
ROE(자기자본비율)	14.50%	영업이익률	86.40%
배당률	0.33	순이익률	23.30%

출처: Yahoo Finance, Bloomberg

3

ETF로 투자하는
미중 패권 경쟁

ETF로 투자하는
미중 패권 경쟁

미중 디커플링
수혜 산업 및 대표 종목

미중 패권 경쟁에 투자하기 전에:
미국과 중국의 투자시장 전망

바야흐로 대국민 ETF 투자 시대가 도래했습니다. 미국, 한국, 중국 등의 증시에 많은 ETF가 상장되어 있어 투자자 입장에서는 선택지가 많아졌을 뿐만 아니라 활용 방법 또한 다양해졌는데요.

미국 주식의 경우 1주씩도 거래가 가능해 개인투자자 입장에서는 주식시장에 접근하는 데 부담이 크지 않습니다. 다만 블루칩 주식 중 일부 주식은 1주당 주가가 높아 부담이 있지만, 보통의 경우에는 주식 분할을 통해 개인투자자의 진입장벽을 낮추곤 합니다. 이에 더해 0.01주 단위로 매매할 수 있는 소수점 매매도 가능해 우리나라 투자자들의 미국 주식 접근성은 상당히 좋습니다.

하지만 중국과 홍콩 주식은 아직 최소 매매 수량이 정해져 있습니다. 중국은 100주, 홍콩은 100주, 1,000주, 2,000주 등 다양해 개인투자자들이 접근하기에 상당한 진입장벽이 존재합니다. 그렇기 때문에 ETF를 활용해 접근하는 것도 좋은 투자 방법일 수 있습니다. 이에 이번 장에서는 한국, 미국, 홍콩, 중국 증시에 상장되어 있는 ETF를 통해 미중 패권 경쟁 테마에 투자할 수 있는 방법을 소개하도록 하겠습니다.

여기에 선정한 ETF는 해당 국가에 상장되어 있는 ETF 중 테마의 적합성, 거래량, 수수료를 통해서 선정했습니다. 테마의 적합성을 가장 중요한 선정 기준으로 적용했기 때문에 간혹 거래량이 적은 ETF도 있을 수 있지만, 장기 투자의 경우 분할 매수, 분할 매도를 통해 적은 거래량은 어느 정도 극복할 수 있다고 판단해 선정했습니다.

각각의 ETF는 표기에 있어 ETF명과 종목코드를 함께 표시했으니 이 책을 읽는 독자들의 투자 활용에 참고할 수 있는 좋은 자료가 되기를 바랍니다.

연금 계좌를 활용한
미중 패권 경쟁 투자

우리나라 증시에 상장된 ETF는 불과 2~3년만에 200여 개에서 1,000개가 넘을 정도로 많고 다양해졌습니다. 여기에 원화로 직접 투자할 수 있어 편리하다는 장점과 최근에는 연금이나 ISA 계좌를 통해 해외주식 ETF에 투자할 경우 비과세 혜택까지 받을 수 있게 되면서 장기 투자자들의 관심이 집중되고 있습니다. 또한 미중 패권 경쟁의 경우 1~2년 내에 마무리될 문제가 아니라 장기적인 변화를 지켜봐야 할 것이기 때문에 연금 계좌를 통해 넓은 시각으로 여러 테마에 투자하는 것도 좋은 투자 방법 중 하나입니다.

한국 상장 ETF를 통한
미국 테마 투자

TIGER 미국 테크 Top10

나스닥에 상장되어 있는 기술 관련 기업 중 시가총액 상위 10개 종목에 투자하는 ETF입니다. 기술 관련 주식을 분류할 때 기술 제품/서비스를 다루거나 독자적 기술을 바탕으로 소비재/서비스를 제공하는 기업 위주로 분류하고 있습니다. 또한 AI 관련 기술 및 인프라를 선점하고 있는 미국 빅테크 기업에 주로 투자하고 있습니다. 해당 ETF는 시가총액 가중 방식으로 구성하고 있으며 한 종목당 최대 비중 20%를 담고 있어 상위 5개 종목의 비중이 80% 정도입니다. 비중 편중이 심한만큼 변동성은 높지만 빅테크 기업들이 장세를 이끌 경우 높은 상승률을 달성할 가능성이 높습니다. 또한 미중 패권 경쟁의 중심에 있는 미국 M7 종목에 투자하는 데 적합한 ETF입니다.

TIGER 미국 테크 Top10 ETF 및 상위 보유 종목(2025년 12월 19일 기준)

TIGER 미국 테크 Top10 ETF(381170)			
운용사	미래에셋자산운용	상장일	2021.04.09
AUM(총운용자산, 억 원)	41,319	테마	기술주
평균거래대금(억 원)	725	투자지역	미국
총보수율	0.49%	배당률	-

상위 보유 종목	
종목명(코드)	비중(%)
애플(AAPL)	18.22
엔비디아(NVDA)	18.02
알파벳(구글)(GOOGL)	16.49
마이크로소프트(MSFT)	15.48
아마존(AMZN)	9.65
브로드컴(AVGO)	7.36
메타(META)	7.13
테슬라(TSLA)	5.5
넷플릭스(NFLX)	1.78
T모바일(TMUS)	0.38

출처: ETF CHECK, ETF.com

KODEX 미국 반도체

AI 산업의 핵심이라고 할 수 있는 반도체 산업 내 핵심 기업에 투자하는 ETF로 GPU, 파운드리, ASIC, HBM 메모리, 반도체 장비 등 반도체 산업 전반에 종합적으로 투자할 수 있는 ETF입니다. 우리나라 투자자들도 많이 투자하는 미국 상장 반도체 ETF인 VanEck Semiconductor ETF(이하 SMH)와 동일한 기초지수를 사용하고 있어 원화로 투자하는 SMH라고

KODEX 미국 반도체 ETF 및 상위 보유 종목(2025년 12월 19일 기준)

KODEX 미국 반도체 ETF(390390)			
운용사	삼성자산운용	상장일	2021.06.30
AUM(총운용자산, 억 원)	6,799	테마	반도체
평균거래대금(억 원)	140	투자지역	미국
총보수율	0.09%	배당률	0.47%

상위 보유 종목	
종목명(코드)	비중(%)
엔비디아(NVDA)	16.70
TSMC(TSM)	9.49
브로드컴(AVGO)	8.24
마이크론(MU)	6.56
어플라이드 머터리얼즈(AMAT)	6.04
ASML(ASML)	5.77
램 리서치(LRCX)	5.69
AMD(AMD)	5.59
인텔(INTC)	5.48
KLA Corp(KLAC)	4.83

출처: ETF CHECK, ETF.com

할 수 있습니다. 최근 투자자들 사이에서도 AI 관련해 GPU, TPU 두 진영으로 나뉘는 양상이 있는데, AI 산업은 아직 성장 중인 산업으로 산업 전체가 커지면 GPU, TPU 할 것 없이 많이 사용될 것입니다. 이런 경우 해당 ETF로 산업 전반에 고루 투자하는 것이 좋습니다.

SOL 미국 AI 소프트웨어

미국은 AI 산업에 대한 투자가 진행되면서 AI 관련 소프트웨어도 빠르게 확산하고 있습니다. 또한 아시아 국가와 다르게 구독형 유료 서비스에 친숙한 소비자들이 해당 소프트웨어를 소비하기 시작해 기업들이 관련 서비스로 뛰어들고 있습니다. 이에 AI 산업의 가장 끝단에 있으면서

SOL 미국 AI 소프트웨어 ETF 및 상위 보유 종목(2025년 12월 19일 기준)

SOL 미국 AI 소프트웨어 ETF(481180)			
운용사	신한자산운용	상장일	2024.05.14
AUM(총운용자산, 억 원)	2,301	테마	소프트웨어
평균거래대금(억 원)	37	투자지역	미국
총보수율	0.45%	배당률	0.14%

상위 보유 종목	
종목명(코드)	비중(%)
팔란티어 테크놀로지(PLTR)	10.64
마이크로소프트(MSFT)	9.77
세일즈포스(CRM)	8.72
SAP SE(SAP)	7.16
오라클(ORCL)	7.14
서비스나우(NOW)	7.08
앱로빈(APP)	6.51
어도비(ADBE)	6.47
크라우드스트라이크(CRWD)	6.17
Intuit Inc.(INTU)	5.71

출처: ETF CHECK, ETF.com

실직적인 소비가 이루어지는 AI 소프트웨어 ETF에 투자하는 것도 좋은 아이디어라고 할 수 있습니다. 해당 ETF는 AI 소프트웨어, AI 서비스 관련 키워드를 대규모 언어 모델 필터링을 적용해 투자할 기업을 선정합니다. 팔란티어 테크놀로지 등 실질적으로 AI 관련 매출이 발생하고 있는 기업에 투자하고 있어 우리나라 투자자들이 원화로 간편하게 투자하기 좋습니다.

SOL 미국 AI 전력 인프라

앞에서 설명했듯이 현재 AI 관련 전력 인프라는 턱없이 부족한 상황입니다. 주기적으로 AI 산업의 버블 관련 이슈가 있을 때마다 크게 흔들리기는 하지만 장기적으로는 AI 산업 발전에 있어 필수적으로 수반되어야 할 산업이 전력 인프라입니다. AI 산업의 버블 논란이 사라지고 상승기에 접어들 때 더욱 크게 상승하는 경향이 있습니다. 해당 ETF는 AI 전력, 원자력 관련 키워드를 대규모 언어 모델 필터링을 적용해 투자할 기업을 선정합니다.

SOL 미국 AI 전력 인프라 ETF 및 상위 보유 종목(2025년 12월 19일 기준)

SOL 미국 AI 전력 인프라 ETF(486450)			
운용사	신한자산운용	상장일	2024.07.16
AUM(총운용자산, 억 원)	2,685	테마	소프트웨어
평균거래대금(억 원)	69	투자지역	미국
총보수율	0.45%	배당률	0.30%

상위 보유 종목	
종목명(코드)	비중(%)
컨스털레이션 에너지(CEG)	10.76
버티브홀딩스(VRT)	10.75
GE버노바(GEV)	7.64
넥스테라에너지(NEE)	7.62
콴타서비스(PWR)	6.98
이튼 코퍼레이션(ETN)	6.25
비스트라 에너지(VST)	5.83
엑셀론(EXC)	4.96
엔터지(ETR)	4.69
카메코(CCJ)	4.65

출처: ETF CHECK, ETF.com

TIMEFOLIO 미국 나스닥 100 액티브

타임폴리오는 전통적으로 액티브 운용을 잘하기로 정평이 나 있는데 미국 운용 관련해서도 훌륭한 액티브 성과를 보여주고 있습니다. 액티브 운용인만큼 변동 폭이 클 수 있지만, 상장 이후 나스닥 대비 110%가 넘는 초과 성과를 달성하고 있습니다. 나스닥 지수 자체가 전 세계적으로

TIMEFOLIO 미국 나스닥 100 액티브 ETF 및 상위 보유 종목(2025년 12월 19일 기준)

TIMEFOLIO 미국 나스닥 100 액티브 ETF(426030)			
운용사	타임폴리오자산운용	상장일	2022.05.11
AUM(총운용자산, 억 원)	10,136	테마	나스닥
평균거래대금(억 원)	224	투자지역	미국
총보수율	0.80%	배당률	-

상위 보유 종목	
종목명(코드)	비중(%)
엔비디아(NVDA)	8.05
브로드컴(AVGO)	5.57
알파벳(구글)(GOOGL)	5.44
테슬라(TSLA)	4.77
로빈후드(HOOD)	3.80
팔란티어 테크놀로지(PLTR)	3.35
앱로빈(APP)	3.27
나스닥 E-Mini 선물	3.21
애플(AAPL)	2.83
아마존(AMZN)	2.78

출처: ETF CHECK, ETF.com

영향력이 큰 기술주들로 구성되어 있는데, 그중에서도 타임폴리오에서 엄선한 종목들의 비중을 높여 초과 성과를 달성하고 있습니다. 한때 증권가에서는 타임폴리오 나스닥 ETF에 무엇이 편입되고 편출되는지가 중요할 정도로 시장의 관심이 집중되었습니다. 연금 계좌를 통해 장기 투자할 나스닥 ETF를 해당 ETF로 선택하기에 충분한 동인입니다.

ACE 애플 밸류체인 액티브

애플에 25% 수준으로 집중 투자하고, 나머지는 애플과 함께 성장할 온 디바이스 AI 밸류체인 기업에 투자하는 ETF입니다. 밸류체인 ETF는 특정 종목의 비중이 25%로 낮아 종목보다는 수익률이 낮다는 단점이 있는데, 애플 밸류체인 ETF에는 맞지 않는 이야기입니다. 해당 ETF는 애플의 수익률을 추종하면서도 애플보다 높은 수익률을 달성하고 있습니다. 애플이 장기적으로 우상향하는 종목이라는 데는 아무도 이견이 없습니다. 해당 ETF는 애플의 상승 방향성과 추가 수익률을 달성할 수 있기 때문에 장기 투자에 용이한 연금 계좌로도 추가 수익률을 목표로 하는 일반 계좌로도 투자하기 좋습니다.

ACE 애플 밸류체인 액티브 ETF 및 상위 보유 종목(2025년 12월 19일 기준)

ACE 애플 밸류체인 액티브 ETF(483420)			
운용사	한국투자신탁운용	상장일	2024.06.11
AUM(총운용자산, 억 원)	145	테마	애플 밸류체인
평균거래대금(억 원)	2	투자지역	미국, 한국
총보수율	0.45%	배당률	–

상위 보유 종목	
종목명(코드)	비중(%)
애플(AAPL)	24.58
TSMC(TSM)	5.48
루멘텀홀딩스(LITE)	5.38
브로드컴(AVGO)	5.18
SK하이닉스(000660)	5.13
앰코테크놀로지(AMKR)	5.05
코닝(GLW)	4.23
ASE테크놀로지(ASX)	4.10
암페놀(APH)	3.75
LG이노텍(011070)	3.59

출처: ETF CHECK, ETF.com

ACE 테슬라 밸류체인 액티브

테슬라 개별 주식과 레버리지 ETF를 활용해 테슬라에 높은 비중으로 투자하고 나머지는 밸류체인에 투자하는 ETF입니다. 테슬라는 일론 머스크의 스타성과 함께 변동성이 워낙 높은 종목이지만, 지금은 전기차를 넘어 자율주행, 휴머노이드 회사로 변모하고 있습니다. 특히 2025년 12월 향후 미국 정부가 적극적으로 성장 동력을 제공할 산업으로 휴머노

ACE 테슬라 밸류체인 액티브 ETF 및 상위 보유 종목(2025년 12월 19일 기준)

ACE 테슬라 밸류체인 액티브 ETF(457480)			
운용사	한국투자신탁운용	상장일	2023.05.16
AUM(총운용자산, 억 원)	12,151	테마	테슬라 밸류체인
평균거래대금(억 원)	441	투자지역	미국, 중국, 한국
총보수율	0.29%	배당률	–

상위 보유 종목	
종목명(코드)	비중(%)
TSLA Bull 2x(TSLL)	23.95
테슬라(TSLA)	16.75
CATL(300750)	4.06
삼성전자(005930)	3.88
엔비디아(NVDA)	3.80
AMD(AMD)	3.77
T-REX 2x TESLA(TSLT)	3.22
LG에너지솔루션(373220)	3.14
TSMC(TSM)	2.67
팔란티어 테크놀로지(PLTR)	2.61

출처: ETF CHECK, ETF.com

이드를 꼽으면서 테슬라에 대한 기대감이 높아지고 있습니다. 테슬라는 변동성이 큰 만큼 개별 주식에 투자해 수익을 내는 것이 사실상 쉽지 않아 전문가가 아니라면 오히려 중장기적인 관점에서 투자하는 것이 좋습니다. 이에 연금 계좌를 통해 해당 ETF를 장기 투자하면 중장기적으로 테슬라의 비전과 함께 높은 수익률을 달성할 수 있을 것입니다.

RISE 팔란티어 고정테크 100

팔란티어 테크놀로지에 25%를 투자하고 나스닥 지수에 75%를 투자하는 ETF입니다. 나스닥 지수 자체가 적절하게 종목을 편입·편출하고 있어 지수 자체로도 이미 훌륭한 펀드라는 평가를 받고 있습니다. 나스닥 지수에 투자한다는 것은 미국 빅테크 기업들의 미래에 투자한다는 것인데, 지수 투자라는 아쉬움을 팔란티어 테크놀로지에 25% 투자하며 달랠 수 있는 상품입니다. 우리나라 투자자들 사이에서는 팔란티어 테크놀로지와 테슬라 투자자로 진영이 나뉘고 있는데, 나스닥에 투자하지만 팔란티어 테크놀로지의 소프트웨어 성장 가능성에 베팅하고자 하는 투자자에게 적합한 ETF입니다. 특히 변동성이 커서 투자를 꺼려했던 투자자

RISE 팔란티어 고정테크 100 ETF 및 상위 보유 종목(2025년 12월 19일 기준)

RISE 팔란티어 고정테크 100 ETF(0047R0)			
운용사	KB자산운용	상장일	2025.05.13
AUM(총운용자산, 억 원)	391	테마	팔란티어 밸류체인
평균거래대금(억 원)	9	투자지역	미국
총보수율	0.20%	배당률	0.08%

상위 보유 종목	
종목명(코드)	비중(%)
팔란티어 테크놀로지(PLTR)	26.82
애플(AAPL)	8.02
엔비디아(NVDA)	7.40
마이크로소프트(MSFT)	6.59
알파벳(구글)(GOOGL)	6.14
아마존(AMZN)	4.74
브로드컴(AVGO)	3.29
메타(META)	2.95
테슬라(TSLA)	2.32
AMD(AMD)	1.00

출처: ETF CHECK, ETF.com

에게는 나스닥 지수 투자를 통해 변동성을 낮출 수 있다는 장점이 있으며, 연금 계좌 내 장기 투자를 통해 변동성을 희석시킬 수도 있습니다.

TIMEFOLIO 글로벌 우주테크 & 방산

미중 패권 경쟁의 양상은 방산을 넘어 우주까지 확장되고 있습니다. 특히 2026년에는 스페이스X가 상장을 앞두고 있어 양국의 우주 확장 경쟁은 더욱 가속화될 것으로 예상됩니다. 해당 ETF는 우주와 방산 산업의 조화가 적절하게 이루어져 있습니다. 트럼프 대통령의 골든돔 프로젝트 등 방산 산업은 사실 우주 산업과 깊은 연관이 있습니다. 액티브로 운용되기 때문에 적절한 시기에 기존의 전통 방산 산업, 드론 등 최신 방산 및 우주 산업까지 비중을 적절하게 조정해 상장 이후 80%가 넘

TIMEFOLIO 글로벌 우주테크 & 방산 ETF 및 상위 보유 종목(2025년 12월 19일 기준)

TIMEFOLIO 글로벌 우주테크 & 방산 ETF(478150)			
운용사	타임폴리오자산운용	상장일	2024.04.23
AUM(총운용자산, 억 원)	2,185	테마	미국 우주 방산
평균거래대금(억 원)	30	투자지역	미국, 유럽, 한국 등
총보수율	0.80%	배당률	–

상위 보유 종목	
종목명(코드)	비중(%)
RTX Corp(RTX)	8.36
GE(GE)	7.49
로켓랩(RKLB)	5.63
허니웰(HON)	5.42
롤스로이스(RR.LN)	5.12
제너럴다이내믹(GD)	4.04
헌팅턴 잉걸스 인더스트리즈(HII)	4.01
라인메탈(RHM.GY)	3.97
노스럽그루만(NOC)	3.92
Safran SA(SAF.FP)	3.68

출처: ETF CHECK, ETF.com

는 수익률을 기록하고 있습니다. 특히 최신 방산 산업 관련 주식들은 중소형 주식이 낳아 한 종목에 투자하는 것이 걱정되는 투자자라면 해당 ETF에 투자하는 것도 매우 좋은 방법입니다.

KODEX 미국 휴머노이드 로봇

AI의 발전은 결국 피지컬 AI인 휴머노이드로 집결되고 있습니다. 해당

KODEX 미국 휴머노이드 로봇 ETF 및 상위 보유 종목(2025년 12월 19일 기준)

KODEX 미국 휴머노이드 로봇 ETF(0038A0)			
운용사	삼성자산운용	상장일	2025.04.15
AUM(총운용자산, 억 원)	2,655	테마	미국 휴머노이드
평균거래대금(억 원)	77	투자지역	미국
총보수율	0.45%	배당률	0.11%

상위 보유 종목	
종목명(코드)	비중(%)
테슬라(TSLA)	15.04
엔비디아(NVDA)	14.34
팔란티어 테크놀로지(PLTR)	10.40
인튜이티브 서지컬(ISRG)	7.44
알파벳(구글)(GOOGL)	6.03
아마존(AMZN)	5.79
메타(META)	4.37
퀄컴(QCOM)	3.44
심보틱(SYM)	3.21
테라다인(TER)	3.15

출처: ETF CHECK, ETF.com

ETF는 휴머노이드 관련 로봇부터 소재, 소프트웨어까지 미국 내에서 내로라하는 로봇 관련된 기업에 모두 투자하고 있습니다. 향후 미국 정부에서 로봇 산업 관련 행정명령까지 이어질 경우 미국의 로봇 밸류체인 산업들이 직접적인 수혜를 받을 가능성이 높아 중장기적으로 투자하기 좋습니다.

SOL 미국 양자컴퓨팅 Top10

양자컴퓨팅은 우리나라 투자자들이 이미 많이 투자하고 있는 테마입니다. 미중 패권 경쟁에서 본격적으로 언급되고 있는 분야는 아니지만, 향후 코인 생태계를 위협할 정도로 급격한 업계 변화를 줄 수 있는 기술이기 때문에 지금부터 장기적으로 투자하기에 적합한 테마입니다.

SOL 미국 양자컴퓨팅 Top10 ETF 및 상위 보유 종목(2025년 12월 19일 기준)

SOL 미국 양자컴퓨팅 Top10 ETF(0023A0)			
운용사	신한자산운용	상장일	2025.03.11
AUM(총운용자산, 억 원)	4,618	테마	양자컴퓨팅
평균거래대금(억 원)	308	투자지역	미국
총보수비용비율	0.45%	배당률	-

상위 보유 종목	
종목명(코드)	**비중(%)**
알파벳(구글)(GOOGL)	18.17
디 웨이브 퀀텀(QBTS)	15.09
리게티 컴퓨팅(RGTI)	12.39
아이온큐(IONQ)	11.69
코히런트(COHR)	10.51
인텔(INTC)	7.15
IBM(IBM)	6.96
브로드컴(AVGO)	6.93
엔비디아(NVDA)	5.95
퀀텀 컴퓨팅(QUBT)	4.16

출처: ETF CHECK, ETF.com

한국 상장 ETF를 통한
중국 테마 투자

TIMEFOLIO 차이나 AI테크 액티브

중국 AI 산업의 성장을 주도하는 중국, 홍콩, 대만의 선도 테크 기업들에 투자하는 액티브 ETF입니다. AI 반도체 기업부터 휴머노이드, 전력 관련 원자력 기업까지 중국 내 AI 핵심 기업들을 대상으로 섹터별 등락폭을 반복하는 시기에 맞춰 적절히 리밸런싱을 진행하고 있습니다. 또한 우리나라 개인투자자들이 직접 투자할 수 없는 중국의 과학창업판과

TIMEFOLIO 차이나 AI테크 액티브 ETF 및 상위 보유 종목(2025년 12월 19일 기준)

TIMEFOLIO 차이나 AI테크 액티브 ETF(0043Y0)			
운용사	타임폴리오자산운용	상장일	2025.05.13
AUM(총운용자산, 억 원)	1,847	테마	중국 AI
평균거래대금(억 원)	53	투자지역	중국, 홍콩, 대만
총보수율	0.80%	배당률	–

상위 보유 종목	
종목명(코드)	비중(%)
Zhongji Innolight(300308.CH)	7.01
Eoptolink Technology(300502.CH)	6.62
Alibaba Group Holding(9988.HK)	5.95
Nanya Technology Corp(2407.TT)	4.88
Cambricon Technologies Corp(688256.CH)	4.40
Hua Hong Semiconductor(1347.HK)	4.39
Tencent Holdings(700.HK)	3.75
Powerchip Semiconductor(6770.TT)	3.47
MediaTek(2454.TT)	3.29
UBTech Robotics(9880.HK)	3.17

출처: ETF CHECK, ETF.com

창업판에 투자하고 있어 중국 AI 산업 발전의 수혜를 보는 기업들에 간접적으로 투자할 수 있는 효과가 있습니다.

TIGER 차이나 반도체 Factset

2025년 발표된 중국 정부의 15차 5개년 계획은 2026년부터 본격적으로 시작될 예정입니다. 15차 5개년 계획의 핵심은 역시 AI 산업인데, 그중에서도 반도체 관련 기업들의 수혜가 클 것으로 예상됩니다. 중국 과학창업판에는 더 많은 반도체 기업들이 상장할 것으로 예상되며 반도체산업 자체의 상승이 동반될 것입니다. 해당 ETF는 과학창업판에 상장된 중국 반도체 기업들을 중점적으로 담고 있어 2026년 수혜가 기대되는 ETF입니다.

TIGER 차이나 반도체 Factset ETF 및 상위 보유 종목(2025년 12월 19일 기준)

TIGER 차이나 반도체 Factset ETF(396520)			
운용사	미래에셋자산운용	상장일	2021.08.10
AUM(총운용자산, 억 원)	1,243	테마	중국 반도체
평균거래대금(억 원)	58	투자지역	중국
총보수율	0.49%	배당률	–

상위 보유 종목	
종목명(코드)	비중(%)
NAURA Technology(002371.CH)	8.03
GigaDevice Semiconductor(603986.CH)	7.34
SMIC(688981.CH)	7.16
BOE Technology(000725.CH)	6.60
Advanced Micro-Fabrication(688012.CH)	6.57
Montage Technology(688008.CH)	6.55
Cambricon Technologies(688256.CH)	6.03
OmniVision Integrated Circuits(603501.CH)	5.71
TCL Technology(000100.CH)	4.98
Unigroup Guoxin(002049.CH)	4.11

출처: ETF CHECK, ETF.com

TIGER 차이나 테크 Top10

2025년 1월 중국 딥시크의 등장 이후 그동안 침체되어 있던 중국 기술주들이 기지개를 켜기 시작했습니다. 해당 ETF는 앞에서 설명한 중국판 M7과 더불어 중국에서 각광받고 있는 차세대 기술주들을 담고 있습니다. 2026년에도 중국 증시를 견인하는 것은 역시 기술주가 될 가능성이 높아 중국 기술주 전반에 투자하기에 적합한 ETF입니다.

TIGER 차이나 테크 Top10 ETF 및 상위 보유 종목(2025년 12월 19일 기준)

TIGER 차이나 테크 Top10 ETF(0047A0)			
운용사	미래에셋자산운용	상장일	2025.05.13
AUM(총운용자산, 억 원)	3,295	테마	중국 기술주
평균거래대금(억 원)	127	투자지역	중국, 홍콩
총보수율	0.49%	배당률	0.37%

상위 보유 종목	
종목명(코드)	비중(%)
CATL(300750.CH)	12.56
샤오미(1810.HK)	12.52
알리바바(9988.HK)	12.15
Cambricon Technologies(688256.CH)	12.10
BYD(1211.HK)	12.07
텐센트(700.HK)	12.02
SMIC(981.HK)	11.76
ZTE(763.HK)	6.40
Dawning Information Industry(603019.CH)	4.56
레노버(992.HK)	3.83

출처: ETF CHECK, ETF.com

TIGER 차이나 항셍테크

2025년 초 딥시크발 훈풍으로 그동안 심하게 눌려 있던 홍콩 기술주들이 큰 폭의 상승을 경험했습니다. 당시 가장 많은 상승 폭을 기록한 것이 항셍테크 지수입니다. 항셍테크 지수에는 홍콩에 상장된 중국의 내로라하는 기술주들이 다수 상장되어 있는데요. 중국을 대표하는 지수인 CSI300, 상하이종합지수, 선전종합지수보다는 기술주 상승 트렌드를 잘

TIGER 차이나 항셍테크 ETF 및 상위 보유 종목(2025년 12월 19일 기준)

TIGER 차이나 항셍테크 ETF(371160)			
운용사	미래에셋자산운용	상장일	2020.12.16
AUM(총운용자산, 억 원)	11,143	테마	홍콩 기술주
평균거래대금(억 원)	220	투자지역	홍콩
총보수율	0.09%	배당률	0.76%

상위 보유 종목	
종목명(코드)	비중(%)
메이투안(3690.HK)	8.40
샤오미(1810.HK)	8.36
텐센트(700.HK)	7.91
BYD(1211.HK)	7.79
알리바바(9988.HK)	7.77
SMIC(981.HK)	7.72
넷이즈(9999.HK)	7.71
Kuaishou Technology(1024.HK)	5.17
JD.com(9618.HK)	5.14
바이두(9888.HK)	3.95

출처: ETF CHECK, ETF.com

반영하고 있어 기술주 상승장에서 투자하기에 적합합니다. 국내에 상장된 항셍테크 추종 ETF 중 수수료가 가장 저렴하다는 장점도 있습니다.

1Q 샤오미 밸류체인 액티브

2025년 가장 관심을 많이 받았던 중국 기술주 중 하나를 꼽으라면 단연 샤오미일 것입니다. 샤오미는 '대류의 실수'라는 별칭으로 시작됐지만 우수한 제품으로 명성을 떨쳤고, 이제는 중국뿐 아니라 전 세계적인 브랜드로 성장했습니다. 후발주자이긴 하지만 지금은 본격적으로 전기차를 생산하면서 관심을 받고 있는 데다 최근에는 로봇 산업에도 활발하게 진출하고 있어 미중 패권 경쟁의 큰 수혜를 보는 종목 중 하나가 될 것입니다. 해당 ETF는 샤오미에 25%를 투자하고 나머지는 관련 밸류체

1Q 샤오미 밸류체인 액티브 ETF 및 상위 보유 종목(2025년 12월 19일 기준)

1Q 샤오미 밸류체인 액티브 ETF(0094X0)			
운용사	하나자산운용	상장일	2025.09.02
AUM(총운용자산, 억 원)	246	테마	샤오미 밸류체인
평균거래대금(억 원)	17	투자지역	홍콩
총보수율	0.49%	배당률	–

상위 보유 종목	
종목명(코드)	비중(%)
샤오미(1810.HK)	24.19
알리바바(9988.HK)	8.56
텐센트(700.HK)	8.56
CATL(3750.HK)	8.29
호라이즌 로보틱스(9660.HK)	4.90
넷이즈(9999.HK)	4.54
BYD(1211.HK)	4.44
SENSETIME(0020.HK)	4.38
SHANGHAI ELECTRIC GRP(2727.HK)	4.33
JD.com(9618.HK)	4.33

출처: ETF CHECK, ETF.com

인 기업에 투자해 초과 성과를 달성하는 ETF입니다. 특히 샤오미의 기본 매매 단위가 200주이기 때문에 매수에 최소 150만 원이 필요하다는 것을 감안하면 저렴한 가격으로 샤오미에 투자할 수 있는 좋은 대안이 될 것입니다.

ACE BYD 밸류체인 액티브

BYD는 중국의 대표적인 전기차 기업입니다. 2025년 초반 시장의 관심을 한몸에 받으며 급격한 주가 상승세를 보였지만 하반기부터는 여러 의혹을 겪으며 주가 하락세를 겪는 등 바닥을 다지고 있습니다. 하지만 회계부정이나 대금결제 지연과 같은 의혹이나 루머는 업계 관행 등으로 이미 주가에 반영된 상태입니다. BYD는 이제 검증된 기술과 저렴한 가격으로 해외 진출에 박차를 가하기 시작했습니다. 2025년부터는 우리나라에서도 판매를 시작해 이제는 BYD를 주변에서 심심치 않게 보게 되었습니다. 해당 ETF는 BYD를 중심으로 성장하고 있는 중국 전기차 산업에 투자하기 적합한 ETF입니다.

ACE BYD 밸류체인 액티브 ETF 및 상위 보유 종목(2025년 12월 19일 기준)

ACE BYD 밸류체인 액티브 ETF(0079X0)			
운용사	한국투자신탁운용	상장일	2025.07.15
AUM(총운용자산, 억 원)	100	테마	BYD 밸류체인
평균거래대금(억 원)	56	투자지역	홍콩, 중국
총보수율	0.45%	배당률	-

상위 보유 종목	
종목명(코드)	비중(%)
BYD(1211.HK)	21.92
BYD ELECTRONIC(285.HK)	13.96
국고02625-3003(25-3)	8.89
호라이즌 로보틱스(9660.HK)	4.78
Ningbo Tuopu Group(601689.CH)	4.71
Ningbo Zhenyu Technology(300953.CH)	4.58
Sanhua Intelligent(002050.CH)	4.48
Huizhou Desay Sv Automotive(002920.CH)	4.36
JL Mag Rare-Earth(300748.CH)	4.33
WUXI LEAD INTELLIGENT(300450.CH)	4.21

출처: ETF CHECK, ETF.com

TIGER 차이나 휴머노이드 로봇

휴머노이드 로봇과 부품 공급망에 강화된 포트폴리오를 운용하고 있는 ETF입니다. 중국에 상장된 대표적인 휴머노이드 로봇 기업인 유비테크가 약 10%의 큰 비중을 차지하고 있으며, 휴머노이드 음성 인식 등 실질

TIGER 차이나 휴머노이드 로봇 ETF 및 상위 보유 종목(2025년 12월 19일 기준)

TIGER 차이나 휴머노이드 로봇 FTF(0053L0)			
운용사	미래에셋자산운용	상장일	2025.05.27
AUM(총운용자산, 억 원)	4,295	테마	휴머노이드 로봇
평균거래대금(억 원)	318	투자지역	중국, 홍콩
총보수율	0.49%	배당률	0.20%

상위 보유 종목	
종목명(코드)	비중(%)
Jiangsu Hengli Hydraulic(601100.CH)	10.08
유비테크(9880.HK)	9.97
Sanhua Intelligent(002050.CH)	9.26
iFlytek(002230.CH)	7.62
OmniVision Integrated Circuits(603501.CH)	7.34
Shenzhen Inovance Technology(300124.CH)	7.32
Shenzhen Dobot(2432.HK)	6.40
Shenzhen Everwin Precision(300115.CH)	5.83
Ningbo Tuopu(601689.CH)	5.09
Sunny Optical(2382.HK)	4.88

출처: ETF CHECK, ETF.com

적인 두뇌 역할을 하는 소프트웨어를 제공하는 iFlytek도 8% 정도로 상위권의 비중을 차지하고 있습니다. 중국 휴머노이드에 직접적으로 관련되어 있는 기업들을 많이 담고 있어 중국 휴머노이드 산업 전반에 투자하기에는 적합하다고 할 수 있습니다.

KODEX 차이나 휴머노이드 로봇

휴머노이드 로봇 외에도 현재 실질적으로 돈을 벌고 있는 산업 자동화 및 정밀 부품 기업들을 담고 있습니다. 휴머노이드라 하면 대부분 유니트리, 유비테크의 로봇을 생각하지만, 실질적으로 돈을 벌고 있는 것은 휴머노이드 부품에 들어가는 산업용 로봇 기업이기 때문입니다. 대표적으로 가장 높은 비중을 차지하고 있는 선전 이노밴스 테크놀로지

KODEX 차이나 휴머노이드 로봇 ETF 및 상위 보유 종목(2025년 12월 19일 기준)

KODEX 차이나 휴머노이드 로봇 ETF(0048K0)			
운용사	삼성자산운용	상장일	2025.05.13
AUM(총운용자산, 억 원)	2,366	테마	휴머노이드 로봇
평균거래대금(억 원)	169	투자지역	중국, 홍콩
총보수율	0.45%	배당률	0.36%

상위 보유 종목	
종목명(코드)	비중(%)
Shenzhen Inovance Technology(300124.CH)	11.45
Sanhua Intelligent(002050.CH)	11.36
Ningbo Tuopu(601689.CH)	8.96
유비테크(9880.HK)	6.67
Leader Harmonious Drive(688017.CH)	6.37
Shenzhen Dobot(2432.HK)	5.26
Zhejiang Shuanghuan Driveline(002472.CH)	5.26
Shenzhen Zhaowei(003021.CH)	4.84
Kinco Automation(688160.CH)	4.77
Siasun Robot & Automation(300024.CH)	4.64

출처: ETF CHECK, ETF.com

(Shenzhen Inovance Technology)도 공장 자동화 및 산업용 제어기기를 전문적으로 생산하는 기업입니다. 이 외에도 감속기, 액추에이터 등 휴머노이드에 필수적이면서도 현재 매출을 발생시키고 있는 기업 다수에 투자하고 있습니다. 미래의 가능성과 현재의 수익을 함께 갖고 가고자 하는 투자자에게 적합합니다.

TIGER 차이나 바이오테크 Solactive

중국의 바이오테크 기업들은 2025년 2분기 아주 큰 폭의 상승을 겪었습니다. 해당 종목에 투자 경험이 있는 투자자들은 이해하겠지만 바이오 종목은 때로 큰 수익을 가져다주기도 합니다. 임상시험에 통과했다든지 라이선스 아웃을 한다든지 하는 이슈가 나오면 종목의 주가가 큰 폭으

TIGER 차이나 바이오테크 Solactive ETF 및 상위 보유 종목(2025년 12월 19일 기준)

TIGER 차이나 바이오테크 Solactive ETF(371470)			
운용사	미래에셋자산운용	상장일	2020.12.08
AUM(총운용자산, 억 원)	753	테마	중국 바이오 헬스케어
평균거래대금(억 원)	17	투자지역	중국, 홍콩, 미국(ADR)
총보수율	0.49%	배당률	–

상위 보유 종목	
종목명(코드)	비중(%)
BeOne Medicines(BGNE.US)	8.73
Wuxi Biologics(2269.HK)	8.55
WuXi AppTec(603259.CH)	8.30
Jiangsu Hengrui(600276.US)	7.59
SOLACTIVE CHINA BIOTECH INDEX CNH TRS	7.48
Innovent Biologics(1801.HK)	7.29
Akeso(9926.HK)	5.01
Sino Biopharmaceutical(1177.HK)	4.49
3SBio Inc(1530.HK)	3.32
Hansoh Pharmaceutical(3692.HK)	3.26

출처: ETF CHECK, ETF.com

로 오르곤 하죠. 하지만 반대의 경우 기대감이 무너지며 큰 폭의 하락을 나타내기도 하고, 해당 종목에 대해서 자세히 알 수 없다는 단점도 있습니다. 이와 같은 경우 해당 ETF를 통해 중국 바이오테크 산업 전반에 투자하기 좋습니다.

SOL 차이나 소비트렌드

중국 소비주 관련 ETF는 전 세계에 많이 상장되어 있지만 대부분 전통 소비 관련 주식들의 비중이 높습니다. 하지만 중국인들의 소비성향은 이미 바뀌었고 이제는 신(新)소비 관련 주식들의 시대입니다. 2025년 상반기 관련 주식들이 큰 폭으로 상승한 후 하반기에는 부진한 모습을 보였지만, 기술주가 부진할 때는 구원 투수로 주가가 상승하곤 합니다. 해당 ETF는 중국판 티파니인 라오푸골드, 팝마트, 중국 휠라(FILA) 판권이나 아크테릭스의 지분을 보유하고 있는 안타스포츠 등 중국 젊은이들에게 인기있는 신(新)소비 관련 주식들에 직접 투자하고 있습니다. 그야말로 전 세계 유일한 중국 신(新)소비 투자 ETF라고 할 수 있습니다.

SOL 차이나 소비트렌드 ETF 및 상위 보유 종목(2025년 12월 19일 기준)

SOL 차이나 소비트렌드 ETF(0131A0)			
운용사	신한자산운용	상장일	2025.11.25
AUM(총운용자산, 억 원)	104	테마	중국 신(新)소비
평균거래대금(억 원)	5	투자지역	홍콩
총보수비용비율	0.45%	배당률	–

상위 보유 종목	
종목명(코드)	비중(%)
Laopu Gold(6181.HK)	22.14
Star Shine Holdings(1440.HK)	18.76
팝마트(9992.HK)	18.47
안타스포츠(2020.HK)	12.08
DPC Dash(1405.HK)	7.49
ALI PICTURES(1060.HK)	5.72
SJM HOLDINGS(880.HK)	5.15
Mixue Group(2097.HK)	3.96
Star Plus Legend(6683.HK)	3.82
361 Degrees(1361.HK)	2.05

출처: ETF CHECK, ETF.com

TIGER 차이나 전기차 Solactive

우리나라 투자자들이 가장 많이 투자했던 중국 관련 ETF였지만 중국 증시가 전반적으로 부진해지면서 큰 폭의 하락을 경험했습니다. 하지만 2025년 들어 중국 전기차 산업이 다시 주목받기 시작하면서 배터리 업

TIGER 차이나 전기차 Solactive ETF 및 상위 보유 종목(2025년 12월 19일 기준)

TIGER 차이나 전기차 Solactive ETF(371460)			
운용사	미래에셋자산운용	상장일	2020.12.08
AUM(총운용자산, 억 원)	16,420	테마	중국 전기차 산업
평균거래대금(억 원)	266	투자지역	중국, 홍콩
총보수비용비율	0.49%	배당률	–

상위 보유 종목	
종목명(코드)	비중(%)
CATL(300750.CH)	21.61
BYD(002594.CH)	13.45
Seres Group(601127.CH)	5.11
Shenzhen Inovance Technology(300124.CH)	5.07
Sanhua Intelligent(002050.CH)	4.73
Fuyao Glass(600660.CH)	4.06
Global X China Electric Vehicle ETF(2845.HK)	3.94
Eve Energy(300014.CH)	3.66
Li Auto(2015.CH)	3.39
Ningbo Tuopu(601689.CH)	3.23

출처: ETF CHECK, ETF.com

황이 개선되자 주가가 점진적으로 상승하고 있습니다. 또한 중국의 경우 많은 전기차 기업이 휴머노이드 로봇 제작을 발표하면서 전기차와 로봇 산업의 경계가 모호해지고 있습니다. 이에 해당 ETF도 로봇 부품 관련 종목을 편입하며 주가 상승을 견인하고 있습니다.

미국 달러를 활용한

미중 패권 경쟁 투자

미국에 상장된 ETF를 활용하는 투자가 어찌 보면 가장 현실적일 수 있습니다. 미중 패권 경쟁이라는 테마에 관심이 있는 투자자라면 당연히 해외주식에 투자하는 경우가 많을 것이고, 해외주식은 대부분 미국 주식이기 때문입니다. 이 경우 해외주식 투자 자산이 대부분 미국 달러(USD)로 되어 있는데, 중국 주식 투자를 위해 홍콩 달러(HKD)나 위안화(CNY) 등으로 환전하는 것이 현실적으로 쉽지 않기 때문입니다. 이럴 때 미국에 상장된 중국 테마 ETF에 투자하면 달러를 환전하지 않고도 미중 패권 경쟁 테마에 적절히 투자할 수 있습니다.

미국에는 무려 4,200여 개(2025년 9월 기준)가 넘는 ETF가 상장되어 있습니다. 이에 책에서는 테마의 적합성을 고려해 반드시 포함해야 할 경우가 아니라면 시가총액 기준으로 1억 달러가 넘는 ETF 중 선택해 정리했습니다.

미국 상장 ETF를 통한
미국 테마 투자

iShares Future AI & Tech

전 세계 AI 관련 상위 50개 기업에 투자하는 ETF입니다. 생성형 AI, AI 데이터 및 인프라, AI 소프트웨어, AI 서비스 4개의 테마를 대상으로 현재 매출이 발생하고 있거나 향후 5년 내 발생할 기업들을 대상으로 투자합니다. 재미있는 사실은 시가총액이 큰 것보다 작은 기업들을 선호한다는 것입니다. 실제로 담겨있는 기업들도 상위 기업들은 기존의 시

iShares Future AI & Tech ETF 및 상위 보유 종목(2025년 12월 19일 기준)

iShares Future AI & Tech ETF(ARTY)			
운용사	iShares	상장일	2018.06.26
AUM(총운용자산, 백만 달러)	2,077	테마	AI
평균거래대금(백만 달러)	26	투자지역	글로벌
총보수비용비율	0.47%	배당률	13.56%

상위 보유 종목	
종목명(코드)	비중(%)
AMD(AMD)	5.59
버티브홀딩스(VRT)	5.41
엔비디아(NVDA)	4.27
어드반테스트(6857.JP)	4.13
브로드컴(AVGO)	4.01
아리스타 네트워크(ANET)	3.67
알파벳(구글)(GOOGL)	3.56
앰코 테크놀로지(AMKR)	3.55
몽고유(MDB)	3.45
마벨 테크놀로지(MRVL)	3.44

출처: ETF CHECK, ETF.com

가총액이 큰 기업들이 장악하고 있지만, 하단으로 갈수록 시가총액이 작은 기업들도 담겨있어 주가 상승 탄력이 있다는 것을 알 수 있습니다. 현재 전 세계를 주도하는 AI 산업 전반에 투자하기에 적합한 ETF라고 할 수 있습니다.

iShares Russell 2000

러셀(Russell)2000 지수는 미국 중소형주를 대표하는 지수로 미국 기업 시가총액 1,001위부터 3,000위까지의 기업을 모아 놓은 지수입니다. 중소형주로 구성되어 있다 보니 S&P500보다는 상대적으로 높은 변동성을 보이며 금리나 인플레이션 등 경기에 민감하게 움직입니다. 2026년 미국의 금리인하가 1~2회에 그칠 것으로 예상하지만, 중간선거를 앞두고 있는 트럼프 대통령이 어떤 정책 방향을 내놓더라도 증시에 호의적으로

iShares Russell 2000 ETF 및 상위 보유 종목(2025년 12월 19일 기준)

iShares Russell 2000 ETF(IWM)			
운용사	iShares	상장일	2000.05.22
AUM(총운용자산, 백만 달러)	68,382	테마	미국 중소형주
평균거래대금(백만 달러)	9,996	투자지역	미국
총보수비용비율	0.19%	배당률	0.98%

상위 보유 종목	
종목명(코드)	비중(%)
Credo Technology Group(CRDO)	0.72
Bloom Energy(BE)	0.66
Fabrinet(FN)	0.58
EchoStar Corporation(SATS)	0.48
IonQ, Inc.(IONQ)	0.44
Nextpower(NXT)	0.43
Kratos Defense & Security(KTOS)	0.42
Guardant Health(GH)	0.42
BridgeBio Pharma(BBIO)	0.40
Hecla Mining(HL)	0.39

출처: ETF CHECK, ETF.com

작용할 만한 요소들이 많아 대표 중소형주 지수인 해당 ETF에 투자하는 것도 하나의 방법이 될 수 있습니다.

iShares Semiconductor

해당 ETF는 아마 우리나라 투자자들이 가장 많이 투자하는 미국 상장 반도체 ETF 중 하나일 것입니다. 해당 ETF는 시가총액 1억 달러 이상인 반도체 기업 중 반도체 제품을 만들거나 반도체 장비를 만드는 30개 기업에 투자합니다. 상위 5개 종목의 최대 투자 비중을 8%로 제한하고 나머지 기업들은 4%로 맞추고 있어 일부 종목의 비중이 과하지 않습니다. 이에 반도체 산업 전반에 고루 투자할 수 있는 ETF입니다. GPU, TPU 진영을 나눠 일부 종목에 과하게 투자하는 것보다 AI 산업 전반의 성장을 보고 투자하기에 적합한 ETF입니다.

iShares Semiconductor ETF 및 상위 보유 종목(2025년 12월 19일 기준)

iShares Semiconductor ETF(SOXX)			
운용사	IShares	상장일	2001.07.10
AUM(총운용자산, 백만 달러)	16,789	테마	반도체
평균거래내금(백만 딜러)	2,077	투자지역	미국
총보수비용비율	0.34%	배당률	0.53%

상위 보유 종목	
종목명(코드)	비중(%)
AMD(AMD)	8.24
브로드컴(AVGO)	7.38
엔비디아(NVDA)	6.53
마이크론(MU)	6.44
퀄컴(QCOM)	5.38
램 리서치(LRCX)	5.29
어플라이드 머터리얼즈(AMAT)	5.25
인텔(INTC)	4.77
KLA Corp(KLAC)	4.53
ASML(ASML)	4.49

출처: ETF CHECK, ETF.com

Health Care Select Sector SPDR Fund

가장 오래된 미국 헬스케어 ETF 중 하나로 많은 투자자들의 사랑을 받고 있는 ETF입니다. 제약, 헬스케어 장비, 헬스케어 서비스, 바이오테크 등 헬스케어 관련 전방위적 섹터에 투자하고 있습니다. 다만 구성 종목이 시가총액 기준이고 S&P500 내에서만 선정하다 보니 대부분 시가총액이 큰 기업들에 치중되어 있어, 현재 포트폴리오에서는 일라이 릴리

Health Care Select Sector SPDR Fund 및 상위 보유 종목(2025년 12월 19일 기준)

Health Care Select Sector SPDR Fund(XLV)			
운용사	SPDR	상장일	1998.12.16
AUM(총운용자산, 백만 달러)	36,364	테마	헬스케어
평균거래대금(백만 달러)	1,961	투자지역	미국
총보수비용비율	0.08%	배당률	1.69%

상위 보유 종목	
종목명(코드)	비중(%)
일라이 릴리(LLY)	14.93
존슨앤존스(JNJ)	9.12
애브비(ABBV)	7.10
유나이티드헬스 그룹(UNH)	5.46
머크(MRK)	4.43
Abbott Laboratories(ABT)	3.95
Thermo Fisher Scientific(TMO)	3.84
Intuitive Surgical(ISRG)	3.55
Amgen Inc.(AMGN)	3.10
화이자(PFE)	2.66

출처: ETF CHECK, ETF.com

가 약 15%를 차지하고 있습니다. 헬스케어 섹터의 특성상 일부 상위 종목이 선도한다는 점에서 큰 문제가 되지는 않지만, 중소형 헬스케어 종목들의 호재성 이슈로 인한 급상승 등이 ETF 수익률에 기여하지 못한다는 점은 아쉬운 부분입니다.

State Street SPDR S&P Biotech

해당 ETF는 미국 바이오테크 종목에만 집중 투자하고 있습니다. 바이오테크 산업의 특성상 연구하고 있는 신약의 임상시험 성공 등으로 주가 급등락이 이어지기 때문에 ETF의 변동성 또한 상당히 높아질 가능성이 있습니다. 하지만 해당 ETF는 모든 종목을 동일 비중으로 유지함으로써 한 종목의 주가 변동이 전체 ETF에 주는 영향을 최소화하고 있습니다. 동일 비중의 또 다른 장점은 분기별로 리밸런싱할 때 비중이 달라진 종목들을 모두 5%로 다시 맞춘다는 것입니다. 이때 주가가 오른 종목은 매도 차익 실현을 달성하고, 떨어진 종목은 매수해 저가 매수를 할 수 있기 때문입니다. 바이오테크 산업은 개별 종목의 주가 변동이 심한 만큼 해당 ETF를 통해 산업 전반에 투자하는 것도 좋은 방법입니다.

State Street SPDR S&P Biotech ETF 및 상위 보유 종목(2025년 12월 19일 기준)

State Street SPDR S&P Biotech ETF(XBI)			
운용사	SPDR	상장일	2006.01.31
AUM(총운용자산, 백만 달러)	6,371	테마	헬스케어(혁신약)
평균거래대금(백만 달러)	1,179	투자지역	미국
총보수비용비율	0.35%	배당률	0.04%

상위 보유 종목	
종목명(코드)	**비중(%)**
Exact Sciences(EXAS)	2.85
Revolution Medicines(RVMD)	2.71
Avidity Biosciences(RNA)	2.38
BridgeBio Pharma(BBIO)	2.16
Regeneron Pharmaceuticals(REGN)	2.08
Insmed Incorporated(INSM)	2.07
Natera(NTRA)	2.06
Madrigal Pharmaceutical(MDGL)	2.00
Praxis Precision Medicines(PRAX)	1.98
Roivant Sciences(ROIV)	1.95

출처: ETF CHECK, ETF.com

Global X Defense Tech

미국의 방위 산업 투자 시 과거에는 iShares US Aerospace & Defense (ITA), Invesco Aerospace & Defense(PPA) ETF에 많이 투자했습니다. 현재도 물론 시가총액과 거래량 기준으로 두 ETF가 상위를 차지하고 있지만, 현대전의 양상이 달라지며 방위 산업 내에서도 중소형주까지 다양

Global X Defense Tech ETF 및 상위 보유 종목(2025년 12월 19일 기준)

Global X Defense Tech ETF(SHLD)			
운용사	Global X	상장일	2023.09.11
AUM(총운용자산, 백만 달러)	5,257	테마	방위 산업
평균거래대금(백만 달러)	68	투자지역	미국
총보수비용비율	0.50%	배당률	0.37%

상위 보유 종목	
종목명(코드)	**비중(%)**
팔란티어 테크놀로지(PLTR)	8.68
RTX Corp(RTX)	8.09
록히드 마틴(LMT)	8.00
제너럴다이내믹(GD)	7.82
라인메탈(RHM.GY)	7.55
L3해리스(LHX)	4.47
노스롭그루만(NOC)	4.47
Thales S.A. (HO.PA)	4.35
Leidos Holdings(LDOS)	4.31
BAE Systems(BA)	4.26

출처: ETF CHECK, ETF.com

한 투자가 필요합니다. 해당 ETF는 방위 산업 내 전통 산업인 록히드 마틴에도 투자하고 있지만, 신흥 산업인 팔란티어 테크놀로지에도 동시에 투자하고 있습니다. 또한 미국의 동맹국까지 포함하고 있어 전통, 신흥 산업 및 국가 조화가 적절하게 이루어진 ETF입니다. 해당 ETF를 통해 장기적으로 전통 산업의 수혜와 현재 트럼프 행정부에서 밀고 있는 드론 등의 신흥 산업의 수혜도 동시에 노릴 수 있습니다.

State Street SPDR S&P Aerospace & Defense

해당 ETF는 미국 우주 방산 산업 내 대형주, 중형주, 소형주에 각각 40%, 40%, 20% 비중으로 투자하고 있습니다. 그렇다 보니 시가총액 기준으로 하는 ETF보다 다양한 우주 방산 기업에 투자할 수 있고, 중소형주가 부각되고 있는 최근의 분위기를 놓치지 않고 수익을 내고 있습니

State Street SPDR S&P Aerospace & Defense ETF 및 상위 보유 종목(2025년 12월 19일 기준)

State Street SPDR S&P Aerospace & Defense ETF(XAR)			
운용사	SPDR	상장일	2011.09.28
AUM(총운용자산, 백만 달러)	4,818	테마	우주·방위 산업
평균거래대금(백만 달러)	35	투자지역	미국
총보수비용비율	0.35%	배당률	0.57%

상위 보유 종목	
종목명(코드)	비중(%)
ATI Inc(ATI)	4.66
Carpenter Technology(CRS)	4.29
Woodward, Inc.(WWD)	4.10
Huntington Ingalls Industries(HII)	3.97
로켓랩(RKLB)	3.93
RTX Corp(RTX)	3.85
Kratos Defense & Security Solutions(KTOS)	3.71
Curtiss-Wright Corporation(CW)	3.62
Textron Inc.(TXT)	3.56
Howmet Aerospace(HWM)	3.52

출처: ETF CHECK, ETF.com

다. 또한 우주 관련 기업들도 상당수 투자하고 있어 방위 산업과 우주 산업을 적절히 한번에 투자할 수 있다는 장점이 있습니다.

Procure Space

종목 코드인 UFO에서도 알 수 있듯이 우주 산업에 올인하는 ETF로, 위성 제조 및 서비스 제공 기업, 로켓 제조 기업, 우주 기술 하드웨어 제조

Procure Space ETF 및 상위 보유 종목(2025년 12월 19일 기준)

Procure Space ETF(UFO)			
운용사	Procure	상장일	2019.04.11
AUM(총운용자산, 백만 달러)	149	테마	우주 산업
평균거래대금(백만 달러)	5.5	투자지역	미국
총보수비용비율	0.94%	배당률	0.88%

상위 보유 종목	
종목명(코드)	비중(%)
AST SpaceMobile(ASTS)	7.66
Planet Labs(PL)	7.62
Globalstar, Inc.(GSAT)	6.47
EchoStar Corporation(SATS)	5.85
로켓랩(RKLB)	4.96
ViaSat, Inc.(VSAT)	4.81
Trimble Inc.(TRMB)	4.20
SiriusXM Holdings Inc.(SIRI)	3.92
SES SA FDR(SESG)	3.89
Garmin Ltd.(GRMN)	3.73

출처: ETF CHECK, ETF.com

기업 등 우주와 관련된 기업들에 투자하고 있습니다. 전체 자산의 80%
는 매출의 50~100% 우주 관련 활동에서 발생하는 기업에 투자하고, 나
머지 20%는 우주 관련 산업의 매출 비중이 일부라도 우주 기술에 중요
한 역할을 하고 있는 기업에 투자합니다. 미중 패권 경쟁에서 불붙을 미
국의 우주 확장 트렌드에 투자하기 적합한 ETF라고 할 수 있습니다.

Global X Robotics & Artificial Intelligence

해당 ETF는 선진국에 상장되어 있는 로봇 및 AI 산업에서 대부분의 매출이 발생하거나 사업 목적을 갖고 있는 기업들에 투자합니다. 드론부터 헬스케어, 예측 분석 소프트웨어까지 광범위한 분야의 로봇 산업에 투자합니다. 또 하나의 특징은 일본 로봇 관련 기업의 비중이 상당히 높다는 것입니다. 현재 미국 휴머노이드 로봇 산업에서 중국 밸류체인을

Global X Robotics & Artificial Intelligence ETF 및 상위 보유 종목(2025년 12월 19일 기준)

Global X Robotics&Artificial Intelligence ETF(BOTZ)			
운용사	Global X	상장일	2016.09.12
AUM(총운용자산, 백만 달러)	3,255	테마	글로벌 휴머노이드
평균거래대금(백만 달러)	28.9	투자지역	글로벌
총보수비용비율	0.68%	배당률	0.21%

상위 보유 종목	
종목명(코드)	비중(%)
엔비디아(NVDA)	11.11
ABB Ltd.(ABBN.SW)	9.08
화낙(6954.JP)	8.45
인튜이티브 서지컬(ISRG)	7.21
Keyence Corp.(6861.JP)	5.81
Daifuku(6383.JP)	4.30
Pegasystems(PEGA)	3.83
SMC Corp.(6273.JP)	3.48
Dynatrace(DT)	3.16
JBT Marel Corp.(JBTM)	2.92

출처: ETF CHECK, ETF.com

완전히 배제한다는 것은 불가능하지만 미국 정부가 행정명령에 서명까지 하며 의지를 보일 경우 적어도 밸류체인 다각화를 위한 변화는 일부 생길 것입니다. 바로 이 포인트에서 그동안 기술은 좋았지만 가격대가 높았던 일본 로봇 관련 기업들이 각광받을 수 있다고 할 수 있습니다.

First Trust Nasdaq Artificial Intelligence and Robotics

로봇 산업 전반에 동일 비중으로 투자하는 ETF로 종목 선정 과정이 상당히 합리적입니다. 해당 ETF에서는 로봇 기업들을 3가지 카테고리로 나누는데 각각 핵심기업, 조력기업, 기여기업입니다. 핵심기업은 매출이 100% 로봇에서 발생하는 기업이고, 조력기업은 반도체, 데이터, 중장비 등 로봇을 만드는 데 필요한 부품을 생산하는 기업입니다. 마지막으로 기여기업은 AI나 로봇 관련 기업은 아니지만 로봇 산업에 기여하고 있는 기업입니다. 세 카테고리에 각각 60%, 25%, 15%를 투자해 중요도에 따라 차등을 두되 모든 밸류체인에 투자할 수 있도록 구성했습니다. 또한 동일 비중으로 투자해 리밸런싱 시 차익 실현, 추가 매수로 인한 장기 투자 효과도 기대할 수 있는 ETF입니다.

First Trust Nasdaq Artificial Intelligence and Robotics ETF 및 상위 보유 종목(2025년 12월 19일 기준)

First Trust Nasdaq Artificial Intelligence and Robotics ETF(ROBT)			
운용사	First Trust	상장일	2018.02.21
AUM(총운용자산, 백만 달러)	697	테마	글로벌 휴머노이드
평균거래대금(백만 달러)	4.5	투자지역	글로벌
총보수비용비율	0.65%	배당률	0.40%

상위 보유 종목	
종목명(코드)	비중(%)
UiPath(PATH)	2.08
Illumina(ILMN)	1.90
화낙(6954.JP)	1.86
IBM(IBM)	1.79
Symbiotic(SYM)	1.78
Appian Coporation(APPN)	1.74
인튜이티브 서지컬(ISRG)	1.74
팔란티어 테크놀로지(PLTR)	1.72
Cisco Systems(CSCO)	1.72
BigBear.ai(BBAI)	1.62

출처: ETF CHECK, ETF.com

GraniteShares Gold Trust

2025년은 금의 해라고 할 정도로 금 가격의 상승 폭이 가팔랐습니다. 각국의 돈 풀기 정책과 금리인하로 2026년에도 금값은 전년만큼은 아니어도 안전자산으로써 각광받을 것으로 예상합니다. 이에 많은 투자자들이 금 ETF에 투자하는데요. 일반적으로 미국에 상장된 금 ETF라고 하면 SPDR Gold Shares ETF(이하 GLD)에 많이 투자할 겁니다. 다만 장기 투자를 수반하는 만큼 더 저렴하고 완전히 똑같은 ETF가 있다면 옮기지 않을 이유가 없겠죠? 바로 BAR라는 종목코드로 상장되어 있는 ETF입니다. BAR는 GLD처럼 금 현물을 보유하고 있어 GLD와 주가 움직임은 같지만 보수 비용은 더 저렴합니다. 2026년 포트폴리오에 금 ETF를 넣을 투자자라면 BAR를 선택하는 것이 좋은 방법이라 판단합니다.

GraniteShares Gold Trust 및 상위 보유 종목(2025년 12월 19일 기준)

GraniteShares Gold Trust(BAR)			
운용사	GraniteShares	상장일	2017.08.23
AUM(총운용자산, 백만 달러)	1,377	테마	금
평균거래대금(백만 달러)	38.7	투자지역	금 실물
총보수비용비율	0.17%	배당률	–

상위 보유 종목	
종목명(코드)	비중(%)
금 실물	100.00

출처: ETF CHECK, ETF.com

미국 상장 ETF를 통한
중국 테마 투자

iShares MSCI China

일반적으로 미국 상장 ETF를 활용해 중국 지수에 투자할 때 많이 활용되며 홍콩 상장 종목 위주로 구성되어 있습니다. 해당 ETF는 텐센트, 알리바바 등 인터넷 기업들의 비중이 높고 홍콩, 미국 상장 ADR(American Depositary Receipt, 다른 나라 주식을 미국에서 사고 팔 수 있게 만든 증서) 등 중국 본토 상장 주식을 제외한 중국 주식에 투자하고 있습니다.

iShares MSCI China ETF 및 상위 보유 종목(2025년 12월 19일 기준)

iShares MSCI China ETF(MCHI)			
운용사	iShares	상장일	2011.03.29
AUM(총운용자산, 백만 달러)	8,173	테마	대표 지수
평균거래대금(백만 달러)	176.9	투자지역	홍콩, 미국(ADR)
총보수비용비율	0.59%	배당률	2.24%

상위 보유 종목	
종목명(코드)	비중(%)
텐센트(700.HK)	17.53
알리바바(9988.HK)	11.76
샤오미(1810.HK)	3.28
중국건설은행(939.HK)	3.26
핀둬둬(PDD.US)	2.75
메이투안(3690.HK)	2.26
평안보험(2318.HK)	1.90
중국공상은행(1398.HK)	1.77
넷이즈(9999.HK)	1.69
BYD(1211.HK)	1.61

출처: ETF CHECK, ETF.com

Xtrackers Harvest CSI 300 China A-Shares

앞에서 소개한 iShares MSCI China ETF(MCHI)와 다른 점은 중국 본토에 상장되어 있는 종목으로만 구성되어 있다는 점입니다. 중국 본토에 상장되어 있는 종목 위주로 투자해 기술주의 경우 반도체 등 중국 정부에서 부양하는 산업과 직결되어 있다는 특징을 지니고 있습니다.

Xtrackers Harvest CSI 300 China A-Shares ETF 및 상위 보유 종목(2025년 12월 19일 기준)

Xtrackers Harvest CSI 300 China A-Shares ETF(ASHR)			
운용사	Xtrackers	상장일	2013.11.06
AUM(총운용자산, 백만 달러)	1,640	테마	대표 지수
평균거래대금(백만 달러)	218.8	투자지역	중국
총보수비용비율	0.65%	배당률	0.92%

상위 보유 종목	
종목명(코드)	비중(%)
CATL(300750.CH)	4.25
귀주모태주(600519.CH)	3.65
중국 평안보험(601318.CH)	2.83
자금광업(601899.CH)	2.14
Zhongji Innolight(300308.CH)	2.13
초상은행(600036.CH)	2.10
Eoptolink Technology(300502.CH)	1.75
메이디그룹(000333.CH)	1.62
장강전력(600900.CH)	1.44
흥업은행(601166.CH)	1.40

출처: ETF CHECK, ETF.com

Rayliant-ChinaAMC Transformative China Tech

상장한 지 얼마되지 않아 아직 ETF 규모가 크진 않은데, 중국 기술주에 베팅한다면 투자하기 가장 적합한 ETF입니다. 해당 ETF는 중국 상장 주식을 포함하고 있는 데다 반도체, 로봇, AI 관련 유망 기술주 등에 투자할 수 있습니다. 2026년에도 중국 증시 상승세를 이끌 것으로 예상되는 기술주에 베팅한다면 해당 ETF가 가장 좋은 선택일 것입니다.

Rayliant – ChinaAMC Transformative China Tech ETF 및 상위 보유 종목(2025년 12월 19일 기준)

Rayliant – ChinaAMC Transformative China Tech ETF(CNQQ)			
운용사	Rayliant-ChinaAMC	상장일	2025.09.24
AUM(총운용자산, 백만 달러)	12	테마	중국 테크
평균거래대금(백만 달러)	0.456	투자지역	중국, 홍콩
총보수비용비율	0.75%	배당률	–

상위 보유 종목	
종목명(코드)	비중(%)
텐센트(700.HK)	10.48
알리바바(9988.HK)	9.48
CATL(300750.CH)	6.43
샤오미(1810.HK)	5.49
메이투안(3690.HK)	4.33
Zhongji Innolight(300308.CH)	4.14
넷이즈(9999.HK)	2.93
Shenzhen Mindray(688256.CH)	2.17
Cambricon Technologies(688256.CH)	2.13
바이두(9888.HK)	2.03

출처: ETF CHECK, ETF.com

홍콩 달러,

중국 위안화를 활용한

미중 패권 경쟁 투자

홍콩 달러나 중국 위안화까지 활용해 미중 패권 경쟁 테마에 투자하기로 결정했다면 당신은 아마도 엄청난 해외주식 고수일 것입니다. 사실 각국에 상장된 ETF는 해외 투자자를 위해 발행된 것이 아니라 해당 국가의 국내 투자자를 위해 발행된 것이 대부분입니다. 그래서 각국의 특성을 무시할 수 없습니다. 때문에 중국 관련 ETF는 홍콩과 중국 증시에 상장된 것이 가장 추종률도 좋고 저렴합니다.

우리나라의 많은 투자자가 중국 증시에 상장된 ETF에 직접 투자할 수 있다는 사실을 인지하지 못하고 있습니다. 사실 중국은 2022년 7월 ETF 커넥트(ETF Connect)라는 이름으로 중국 증시에 상장되어 있는 일부 ETF에 해외 투자자들이 투자할 수 있는 길을 열어주었습니다. 하지만 2022년부터 중국 증시는 부진을 이어간 반면 미국 증시가 대세 상승장에 돌입하며 많은 투자자에게 중국 투자 관심은 크게 줄어들었습니다. 이와 같은 현상으로 ETF 커넥트는 잘 알려지지 않았지만, 처음 85개 ETF로 시작해 지금은 270개 이상의 다양한 테마 ETF에 투자할 수 있습니다. 또한 상장 가격이 1위안으로 기본 매매단위인 100주를 거래해도 원화로 2만 원 대에 저렴하게 투자할 수 있어 투자자들이 다양한 포트폴리오를 구성하기에 좋습니다.

홍콩 상장 ETF를 통한
중국 테마 투자

ChinaAMC Hang Seng Biotech

중국 바이오테크 산업 전반을 고루 담고 있어 바이오테크 산업에 투자하기 적당한 ETF입니다. 한국 상장 ETF에서 소개한 TIGER 차이나 바이오테크 Solactive ETF와 보유 종목 면에서 대동소이하며 비중의 차이가 조금 있을 뿐입니다. 홍콩 달러를 보유하고 있는데 환전 없이 중국 바이오테크 산업에 투자하고 싶다면 손쉽게 선택할 수 있는 ETF입니다.

ChinaAMC Hang Seng Biotech ETF 및 상위 보유 종목(2025년 12월 19일 기준)

ChinaAMC Hang Seng Biotech ETF(3069)			
운용사	ChinaAMC	상장일	2021.03.18
AUM(총운용자산, 백만 HKD)	1,449	테마	중국 헬스케어
평균거래대금(백만 HKD)	35.08	투자지역	홍콩, 미국(ADR)
총보수비용비율	0.40%	배당률	0.36%

상위 보유 종목	
종목명(코드)	비중(%)
Wuxi Biologics(2269.HK)	10.76
BeOne Medicines(6160.HK)	9.14
Innovent Biologics(1801.HK)	8.77
Akeso(9926.HK)	7.93
Sino Biopharmaceutical(1177.HK)	6.23
CHINA PHARMACEUTICAL(CPHI.US)	6.08
Hansoh Pharmaceutical(3692.HK)	5.35
3SBio Inc(1530.HK)	4.68
WuXi AppTec(603259.CH)	4.46
CITI 0226PN	4.24

출처: ETF CHECK, ETF.com

Global X China Semiconductor

앞에서 소개한 TIGER 차이나 반도체 Factset의 홍콩 상장 버전입니다. 우리나라에서 익숙한 ETF를 해외 상장된 버전으로 쉽게 투자할 수 있어 편리하다는 장점이 있습니다. 홍콩 달러를 보유하고 있는 투자자라면 중국 반도체의 성장성에 베팅하기에 좋은 ETF입니다.

Global X China Semiconductor ETF 및 상위 보유 종목(2025년 12월 19일 기준)

Global X China Semiconductor ETF(3191)			
운용사	Global X	상장일	2020.08.07
AUM(총운용자산, 억 원)	1,092	테마	중국 반도체
평균거래대금(억 원)	35.83	투자지역	중국
총보수비용비율	0.68%	배당률	–

상위 보유 종목	
종목명(코드)	비중(%)
NAURA Technology(002371.CH)	8.07
GigaDevice Semiconductor(603986.CH)	7.76
SMIC(688981.CH)	7.16
BOE Technology(000725.CH)	6.78
Advanced Micro-Fabrication(688012.CH)	6.63
Montage Technology(688008.CH)	6.57
Cambricon Technologies(688256.CH)	5.96
OmniVision Integrated Circuits(603501.CH)	5.75
TCL Technology(000100.CH)	5.25
Unigroup Guoxin(002049.CH)	4.22

출처: ETF CHECK, ETF.com

Global X EV and Humanoid Robot Active

홍콩에 상장된 휴머노이드 관련 ETF 중 가장 두드러지는 상품 중 하나입니다. 해당 ETF는 휴머노이드 관련 글로벌 기업들에 투자하고 있고, 소재 기업들까지 포함하고 있어 매우 광범위한 산업 전반 투자가 가능합니다.

Global X EV and Humanoid Robot Active ETF 및 상위 보유 종목(2025년 12월 19일 기준)

Global X EV and Humanoid Robot Active ETF(3139)			
운용사	Global X	상장일	2022.03.18
AUM(총운용자산, 억 원)	8.01	테마	글로벌 휴머노이드
평균거래대금(억 원)	0.122	투자지역	글로벌
총보수비용비율	0.75%	배당률	-

상위 보유 종목	
종목명(코드)	비중(%)
CATL(3750.HK)	8.42
앨버말(ALB)	7.39
화낙(6954.JP)	7.03
KEYENCE(6861.JP)	6.94
NAURA Technology(002371.CH)	5.92
엔비디아(NVDA.US)	5.74
FUYAO GLASS(3606.HK)	5.64
테슬라(TSLA.US)	4.28
강봉리튬(1772.HK)	3.95
알파벳(구글)(GOOGL)	3.47

출처: ETF CHECK, ETF.com

Global X China Robotics and AI

홍콩에 상장된 휴머노이드 관련 ETF 중 하나로 중국 휴머노이드 관련 기업에 본격적으로 투자하고 있는 ETF입니다. 해당 ETF 또한 앞에서 소개한 ETF와 함께 휴머노이드 산업의 한 해가 될 것으로 예상되는 2026년 투자하기 적합한 ETF입니다.

Global X China Robotics and AI ETF 및 상위 보유 종목(2025년 12월 19일 기준)

Global X China Robotics and AI ETF(2807)			
운용사	Global X	상장일	2020.08.06
AUM(총운용자산, 억 원)	578	테마	중국 휴머노이드
평균거래대금(억 원)	5.9	투자지역	중국, 홍콩, 미국(ADR)
총보수비용비율	0.68%	배당률	−

상위 보유 종목	
종목명(코드)	비중(%)
바이두(BIDU)	8.01
BEIJING KINGSOFT(688111.CH)	7.75
HANGZHOU HIKVISION(002415.CH)	7.29
IFLYTEK(002230.CH)	7.29
SHENZHEN INOVANCE(300124.CH)	6.91
HORIZON ROBOTICS(9660.HK)	6.36
ZHEJIANG DAHUA(002236.CH)	6.25
SENSETIME GROUP(20.HK)	6.20
SUPCON TECHNOLOGY(688777.CH)	4.91
HAN'S LASER(002008.CH)	4.01

출처: ETF CHECK, ETF.com

Global X China Core TECH

중국 하이테크 기업들에 투자하고 있는 ETF로 소재, 전기차, 반도체, 바이오테크 등 미중 패권 경쟁의 핵심이 되는 산업 내 선도 기업들을 적절한 비중 배분으로 투자하고 있습니다. 중국의 미래를 책임질 기업들로 가득 채워져 있어 미중 패권 경쟁 테마를 총망라한 ETF입니다.

Global X China Core TECH ETF 및 상위 보유 종목(2025년 12월 19일 기준)

Global X China Core TECH ETF(3448)			
운용사	Global X	상장일	2025.07.08
AUM(총운용자산, 억 원)	645	테마	중국 하이테크
평균거래대금(억 원)	10.69	투자지역	중국, 홍콩
총보수비용비율	0.68%	배당률	–

상위 보유 종목	
종목명(코드)	비중(%)
CATL(3750.HK)	11.01
BYD(1211.HK)	10.02
샤오미(1810.HK)	7.98
SMIC(981.HK)	7.55
항서제약(1276.HK)	5.99
ZHONGJI INNOLIGHT(300308.CH)	4.64
WuXi AppTec(2359.HK)	4.60
Cambricon Technologies(688256.CH)	3.95
BEONE MEDICINES(6160.HK)	3.84
HYGON INFORMATION(688041.CH)	3.46

출처: ETF CHECK, ETF.com

Value Gold ETF

홍콩에도 실물 금에 투자하는 ETF가 있습니다. 중국계가 아닌 홍콩 자산운용사인 밸류 파트너스에서 2010년 발행한 Value Gold ETF입니다. 미국의 대표적인 실물 금 투자 ETF GLD와 앞에서 소개한 BAR의 가격 추이를 비교하면 비슷한 흐름을 보입니다. 보수 비용이 BAR에 비해 비싸지만 홍콩 달러를 보유하고 있는데 굳이 달러로 환전하고 싶지 않은 투자자라면 고려해볼 만한 ETF입니다.

Value Gold ETF 및 상위 보유 종목(2025년 12월 19일 기준)

Value Gold ETF(3081)			
운용사	Value Parteners	상장일	2010.11.03
AUM(총운용자산, 억 원)	3,528	테마	금
평균거래대금(억 원)	18.98	투자지역	금 실물
총보수비용비율	0.40%	배당률	–

상위 보유 종목	
종목명(코드)	비중(%)
금 실물	100.00

출처: ETF CHECK, ETF.com

중국 상장 ETF를 통한
중국 테마 투자

Penghua Science and Technology Innovation Board 100

중국 과학창업판에 투자하는 ETF입니다. 중국 증시는 크게 상하이증권거래소와 선전증권거래소로 나뉘어 있습니다. 두 증시에 상장된 대부분의 종목은 우리나라 개인투자자의 접근이 용이합니다. 다만, 과학창업판은 상하이증권거래소 산하에 있는 시장으로 우리나라 개인투자자의

Penghua Science and Technology Innovation Board 100 ETF 및 상위 보유 종목

Penghua Science and Technology Innovation Board 100 ETF(588220)			
운용사	Penghua	상장일	2023.09.15
AUM(총운용자산, 백만 위안)	6,266	테마	과학창업판
평균거래대금(백만 위안)	204.7	투자지역	중국
총보수비용비율	0.20%	배당률	-

상위 보유 종목	
종목명(코드)	비중(%)
BeOne Medicines(688235.CH)	3.03
Raytron Technology(688002.CH)	2.85
Hua Hong Semiconductor(688347.CH)	2.52
Suzhou Zelgen Biopharma(688266.CH)	2.25
ASR Microelectronics(688220.CH)	2.20
Skyverse Tech(688361.CH)	2.11
Anji Microelectronics Tech(688019.CH)	1.99
Kingsemi(688037.CH)	1.94
Suzhou Novosense(688052.CH)	1.94
QuantumCTek(688027.CH)	1.91

출처: ETF CHECK, ETF.com

직접 투자가 불가능합니다. 따라서 해당 ETF를 통해 간접적으로 투자하게 되면 향후 중국 정부의 부양 산업 성장에 따른 수익을 기대해볼 수 있습니다. 하지만 적자 기업이 많이 상장되어 있어 변동성이 높으므로 주의가 필요합니다.

E Fund CSI Scientific Innovation And Entrepreneurship 50

선전증권거래소의 창업판은 후진타오 주석 집권 당시 만들어진 시장으로 역시 상장 요건이 상당히 완화되어 있어 당시 중국 정부에서 부양하던 배터리, 광케이블 등의 기업들이 대거 상장되어 있습니다. 해당 ETF는 과학창업판과 창업판을 50%씩 투자하고 있어, 과학창업판의 변동성이 우려된다면 시장 다변화를 통한 대안으로 선택하면 좋은 ETF입니다.

E Fund CSI Scientific Innovation And Entrepreneurship 50 ETF 및 상위 보유 종목(2025년 12월 19일 기준)

E Fund CSI Scientific Innovation And Entrepreneurship 50 ETF(159781)			
운용사	E Fund Asset Management	상장일	2021.07.05
AUM(총운용자산, 백만 위안)	10,937	테마	과학창업판, 창업판
평균거래대금(백만 위안)	333.4	투자지역	중국
총보수비용비율	0.20%	배당률	-

상위 보유 종목	
종목명(코드)	비중(%)
Amperex Tech(300750.CH)	9.91
SMIC(688981.CH)	7.05
Shenzhen Mindray(300760.CH)	5.48
Hygon Information Tech(688041.CH)	5.29
Shandong Zhongji Electrical(300308.CH)	5.22
Eoptolink Tech(300502.CH)	5.07
Cambricon Technologies(688256.CH)	5.04
Shenzhen Inovance(300124.CH)	4.90
Sungrow Power Supply(300274.CH)	3.96
Montage Technology(688008.CH)	3.78

출처: ETF CHECK, ETF.com

Harvest SSE STAR Chip Index

중국의 '나스닥'이라 불리는 상하이증권거래소 과학창업판에 상장된 반도체 핵심 기업들에 집중 투자하는 지수 추종 ETF입니다. 중국의 기술 자립과 반도체 국산화 전략의 중심에 있는 기업들을 담고 있어, 중국 반도체 산업의 성장에 직접 베팅하는 상품으로 평가받습니다.

Harvest SSE STAR Chip Index ETF 및 상위 보유 종목(2025년 12월 19일 기준)

Harvest SSE STAR Chip Index ETF(588200)			
운용사	Harvest Asset Management	상장일	2022.10.26
AUM(총운용자산, 백만 위안)	37,532	테마	반도체
평균거래대금(백만 위안)	3339	투자지역	중국
총보수비용비율	0.60%	배당률	–

상위 보유 종목	
종목명(코드)	비중(%)
SMIC(688981.CH)	10.22
Hygon Information Tech(688041.CH)	10.15
Cambricon Technologies(688256.CH)	9.59
Montage Technology(688008.CH)	8.01
Advanced Micro Fabrication(688012.CH)	6.80
VeriSilicon Microelectronics(688521.CH)	2.89
National Silicon Industry(688126.CH)	2.63
Bestechnic Shanghai(688608.CH)	2.50
Smartsens Tech(688123.CH)	2.46
Hwatsing Tech(688120.CH)	2.39

출처: ETF CHECK, ETF.com

CPIC CSI All Share Semiconductors & Semiconductor Equipment

미국의 대중국 반도체 제재가 있을 때마다 반도체 주식은 급등합니다. 여기에 더해 한때 중국 정부는 엔비디아의 H200도 사용하지 말라고 권고하기도 했습니다. 그렇다고 중국의 반도체 산업이 자립에 성공했냐고 묻는다면 그건 아닙니다. 하지만 정부의 의지가 굳건하고 끊임없이 정

CPIC CSI All Share Semiconductors & Semiconductor Equipment ETF 및 상위 보유 종목(2025년 12월 19일 기준)

CPIC CSI All Share Semiconductors & Semiconductor Equipment ETF(512480)			
운용사	CPIC Fund Management	상장일	2019.06.12
AUM(총운용자산, 백만 위안)	21,049	테마	반도체, 반도체 장비
평균거래대금(백만 위안)	1498.66	투자지역	중국
총보수비용비율	0.60%	배당률	–

상위 보유 종목	
종목명(코드)	비중(%)
SMIC(688981.CH)	7.83
NAURA Technology(002371.CH)	6.33
Hygon Information Tech(688041.CH)	5.87
Cambricon Technologies(688256.CH)	5.61
OmniVision Integrated Circuits(603501.CH)	4.86
Montage Technology(688008.CH)	4.19
GigaDevice Semiconductor(603986.CH)	3.76
Advanced Micro Fabrication(688012.CH)	3.57
JCET(600584.CH)	2.16
Unigroup Guoxin(002049.CH)	2.00

출처: ETF CHECK, ETF.com

부 차원의 지원이 이루어지고 있습니다. 해당 ETF는 중국 반도체 산업 전반에 투자하고 있어 반도체 시장에 베팅하기 좋은 ETF입니다.

Guotai CSI Semiconductor Material Equipment Theme

최근 중국에서 ASML이 독점하고 있는 EUV 노광장비의 시제품을 완성했다는 뉴스가 있었습니다. 물론 아직은 시제품에 불과하지만 중국 반도체 장비 기업들이 생각보다는 빠르게 성장하고 있습니다. 해당 ETF는 중국 반도체 산업 장비 업체에 투자하고 있어 관심 있게 지켜볼 ETF입니다.

Guotai CSI Semiconductor Material Equipment Theme ETF 및 상위 보유 종목(2025년 12월 19일 기준)

Guotai CSI Semiconductor Material Equipment Theme ETF(159516)			
운용사	Guotai Asset Management	상장일	2023.07.27
AUM(총운용자산, 백만 위안)	5,984	테마	반도체 장비
평균거래대금(백만 위안)	767.9	투자지역	중국
총보수비용비율	0.60%	배당률	

상위 보유 종목	
종목명(코드)	비중(%)
NAURA Technology(002371.CH)	14.85
Advanced Micro Fabrication(688012.CH)	14.71
National Silicon Industry(688126.CH)	5.79
Hwatsing Tech(688120.CH)	5.24
Jiangsu Nata Opto Chuan Tech(300604.CH)	4.10
Piotech(688072.CH)	4.03
Hangzhou Chang chuan Tech(300604.CI I)	3.71
Skyverse Tech(688361.CH)	3.53
Anji Microelectronics Tech(688019.CH)	3.34
Kingsemi(688037.CH)	3.23

출처: ETF CHECK, ETF.com

ChinaAMC CSI Robot

중국 휴머노이드와 직접적으로 관련 있는 중국 상장 기업 위주로 구성된 ETF입니다. 홍콩에 상장되어 있는 유비테크 등 실질적으로 휴머노이드를 만들고 있는 기업뿐만 아니라 휴머노이드 부품 및 소프트웨어 기업들을 담고 있습니다. 또한 과학창업판 및 창업판 종목에 투자할 수 있어 2026년 상반기 과학창업판 상장이 예상되는 휴머노이드 대표 기업

ChinaAMC CSI Robot ETF 및 상위 보유 종목(2025년 12월 19일 기준)

ChinaAMC CSI Robot ETF(562500)			
운용사	China AMC	상장일	2021.12.29
AUM(총운용자산, 백만 위안)	24,067	테마	휴머노이드
평균거래대금(백만 위안)	616.17	투자지역	중국
총보수비용비율	0.60%	배당률	-

상위 보유 종목	
종목명(코드)	비중(%)
Shenzhen Inovance Technology(300124.CH)	9.93
iFlytek(002230.CH)	9.66
Beijing Roborock(688169.CH)	5.01
Dahua Tech(002236.CH)	4.87
Zhejiang Supcon Tech.(688777.CH)	4.40
Zj Sh Driveline(002472.CH)	3.51
SIASUN Robot Automation(300024.CH)	3.33
Han`s Laser Tech(002008.CH)	3.17
Greatoo A(002031.CH)	2.76
Sz Topband(002139.CH)	2.66

출처: ETF CHECK, ETF.com

유니트리 및 관련 기업들도 향후 편입될 가능성이 있어 관심을 갖고 지켜보면 좋을 ETF입니다.

Yinhua CSI Innovative Drugs Industry

중국에 상장되어 있는 혁신약 개발 및 판매 기업 위주로 구성되어 있는 ETF입니다. 앞서 중국 바이오 헬스케어 분야 수혜의 핵심은 혁신약을

Yinhua CSI Innovative Drugs Industry ETF 및 상위 보유 종목(2025년 12월 19일 기준)

Yinhua CSI Innovative Drugs Industry ETF(159992)			
운용사	Yinhua Fund Management	상장일	2020.04.10
AUM(총운용자산, 백만 위안)	13,146	테마	혁신약
평균거래대금(백만 위안)	509.15	투자지역	중국
총보수비용비율	0.55%	배당률	–

상위 보유 종목	
종목명(코드)	비중(%)
WuXi AppTec(603259.CH)	10.92
항서제약(600276.CH)	9.70
Kelun Pharm A(002422.CH)	3.98
Huadong Med A(000963.CH)	3.51
Changchun High(000661.CH)	3.24
Shanghai Fosun Pharm.(600196.CH)	3.17
Hangzhou Tigermed(300347.CH)	2.72
Salubris Pharm.(002294.CH)	2.63
BeOne Medicines(688235.CH)	2.60
Golden Horse(000766.CH)	2.44

출처: ETF CHECK, ETF.com

취급하는 헬스케어 기업들인데, 중국에 상장된 ETF인만큼 추종하는 테마가 상당히 세분화되어 있습니다. 중국 증시의 과학창업판과 창업판 종목도 포함하고 있어 개인투자자로서 직접 투자할 수 없는 시장에 간접적으로 투자하는 효과도 있습니다.

E Fund Artificial Intelligence

중국 AI 산업 전반에 투자하는 ETF입니다. 중국 본토 종목들로 구성되어 있어 과학창업판과 창업판 종목을 상당수 담고 있습니다. 중국 AI 산업 중 인프라, 반도체 등 하드웨어를 취급하는 종목과 일부 소프트웨어 종목들에 투자하고 있어 중국 정부의 AI 산업 육성정책에 직접적으로 수혜를 받는 기업들로 구성되어 있습니다.

E Fund Artificial Intelligence ETF 및 상위 보유 종목(2025년 12월 19일 기준)

E Fund Artificial Intelligence ETF(159819)			
운용사	E Fund Asset Management	상장일	2020.09.23
AUM(총운용자산, 백만 위안)	22,783	테마	AI
평균거래대금(백만 위안)	927	투자지역	중국
총보수비용비율	0.20%	배당률	–

상위 보유 종목	
종목명(코드)	비중(%)
Shandong Zhongji Electrical(300308.CH)	6.72
Eoptolink Tech(300502.CH)	6.53
Cambricon Technologies(688256.CH)	6.51
iFlytek(002230.CH)	5.73
OmniVision Integrated Circuits(603501.CH)	5.63
Dawning Information(603019.CH)	5.34
Hikvision(002415.CH)	5.30
Montage Technology(688008.CH)	4.86
Beijing Kingsoft(688111.CH)	3.37
IEIT System(000977.CH)	2.72

출처: ETF CHECK, ETF.com

Guotai CSI Military Industry

최근 미국 주식에 대한 투자가 보편화되면서 우리나라 투자자에게 미국 방위 산업 종목도 굉장히 익숙한 투자 테마가 되었습니다. 하지만 중국의 방산기업들이 차세대 전투기를 내놓고 우주 정거장을 만들고 있는 것에 관심 있는 투자자는 많지 않을 것입니다. 미중 패권 경쟁을 이야기할 때 AI가 중심이 되기는 하지만 국가 경쟁력의 근간은 역시 국방력입니다. 미국도 중국도 국방력 증강을 위해 천문학적인 자금을 쏟아붓고 있고, 우리가 생각하는 것보다 중국의 방위 산업 기술 수준은 높아졌습니다. 다만, 종목의 특성상 개인투자자가 알기도 힘들고 직접 투자하기도 어려워 ETF를 통해 방위 산업 전반에 투자하는 것이 가장 좋은 투자 방법이 될 것입니다.

Guotai CSI Military Industry ETF 및 상위 보유 종목(2025년 12월 19일 기준)

Guotai CSI Military Industry ETF(512660)			
운용사	Guotai Asset Management	상장일	2016.08.08
AUM(총운용자산, 백만 위안)	14,068	테마	방위 산업
평균거래대금(백만 위안)	627.63	투자지역	중국
총보수비용비율	0.60%	배당률	–

상위 보유 종목	
종목명(코드)	비중(%)
China CSSC(600150.CH)	5.41
Avic Shenyang Aircraft(600760.CH)	4.81
Kuang Chi Technologies(002625.CH)	4.48
China shipbuilding Industry(비상장)	3.93
AECC Aviation Power(600893.CH)	3.82
AVIC Jonhon Optronic(002179.CH)	3.81
AVIC Aircraft(000768.CH)	2.83
AVIC Airborne System(600372.CH)	2.17
Great Wall Com.(000066.CH)	2.13
Haige Communication(002465.CH)	2.06

출처: ETF CHECK, ETF.com

Harvest CSI Rare Earth Industry

앞에서 중국을 대표하는 희토류 종목을 소개했지만 희토류 관련 기업들은 수없이 많습니다. 미중 희토류 관련 갈등이 불거질 때마다 상승 탄력을 받는 중국 희토류에 베팅하고 싶다면 해당 ETF를 통해 희토류 산업 전반에 투자해 개별 종목 리스크를 피하는 것도 좋은 방법입니다.

Harvest CSI Rare Earth Industry ETF 및 상위 보유 종목(2025년 12월 19일 기준)

Harvest CSI Rare Earth Industry ETF(516150)			
운용사	Harvest Asset Management	상장일	2021.03.17
AUM(총운용자산, 백만 위안)	8,402	테마	희토류
평균거래대금(백만 위안)	352.5	투자지역	중국
총보수비용비율	0.60%	배당률	-

상위 보유 종목	
종목명(코드)	비중(%)
China Northern Rare Earth(600111.CH)	13.22
Guanlu(000831.CH)	5.63
Aluminum Corp.(601600.CH)	4.93
GEM(002340.CH)	4.93
Lingyi iTech Guangdong(002600.CH)	4.84
Inner Mongolia Baotou(600010.CH)	4.78
Wolong Electric(600580.CH)	4.54
Xj Goldwind(002202.CH)	4.45
Xiamen Tungsten(600549.CH)	4.18
Shenghe Resources(600392.CH)	3.87

출처: ETF CHECK, ETF.com

Maxwealth CSI Shanghai-Shenzhen-Hong Kong Gold Industry Commodity

2024년 기준 중국의 금광 생산량은 약 380톤으로 전 세계 1위를 기록했으며 시장점유율은 10~12% 수준입니다. 중국은 이렇게 금을 많이 캐내고 있을 뿐만 아니라 해외 광산 M&A, 지분투자 등을 통해서도 지속적으로 영향력을 확대하고 있는데요. 중국이 이렇게까지 하는 이유는 금 생산량은 높은 반면 매장량은 상대적으로 적기 때문입니다. 중국의 금 매장량 추정치는 3,100톤으로 전 세계 시장점유율 약 4~5%를 차지하고 있습니다. 금 가격의 상승 트렌드도 있지만, 금은 중국의 핵심 전략자산 이기 때문에 지속적인 산업 발전을 지원할 것으로 예상됩니다.

Maxwealth CSI Shanghai – Shenzhen – Hong Kong Gold Industry Commodity ETF 및 상위 보유 종목(2025년 12월 19일 기준)

Maxwealth CSI Shanghai – Shenzhen – Hong Kong Gold Industry Commodity ETF(517520)			
운용사	Maxwealth Fund	상장일	2023.11.01
AUM(총운용자산, 백만 위안)	13,747	테마	금광업
평균거래대금(백만 위안)	506.4	투자지역	중국
총보수비용비율	0.60%	배당률	–

상위 보유 종목	
종목명(코드)	비중(%)
Zijin Mining(601899.CH)	11.88
Shandong Gold Mining(600547.CH)	10.95
Zhongjin Gold(600489.CH)	8.09
Chifeng Jilong Gold Mining(600988.CH)	7.86
Zhaojin Mining Industry(1818.HK)	6.12
Shanjin International Gold(000975.CH)	6.00
Shandong Gold(1787.HK)	4.06
Zijin Mining(2899.HK)	4.05
Hunan Gold Corp.(002155.CH)	3.71
Laopu Gold(6181.HK)	3.27

출처: ETF CHECK, ETF.com